パティシエ & カフェビジネス

監修
東京ベルエポック製菓調理専門学校

つちや書店

キミにもなれる！ パティシエ&カフェビジネス

目次

PART1 パティシエになりたい！

PART2 パティシエを目指そう

PART3

パティシエになるために今、できること

PART4

パティシエとして開業を目指す人へ

PART5

カフェビジネスを始めよう

※本書は2023年12月31日現在の法令に基づき解説をしています。また、インタビューはすべて2023年2月現在のものです。

prologue
夢は
パティシエ！
家庭科室
調理実習
ロールケーキを作ろう！
作り方
今日の調理実習はロールケーキよ！
時間内に作ってね！
よーしっ
はりきって作るよ～！
織部 柚葉
あははっ柚葉 気合はいってるね
もちろん！

だって
お菓子作りは
得意だもん！
小さい頃から
お母さんと一緒に
ケーキをよく
作ってたし
小麦粉
バター
温めた牛乳
①卵と砂糖を
混ぜる。
②ふるった小麦粉 溶かしバター
温めた牛乳を入れる。
③天板に流し入れて
オーブンで焼く。
④生クリームを
作る。
⑤生クリームを塗って丸める。
完成
ここは
腕の
見せ所!!

よし　我ながらうまく作れた！
味もバッチリ！
がっ
がっ
織部さんずいぶん手際がよかったわね
澤口 愛（家庭科教員）
さわぐち あい
先生
クリームもキレイに塗れてるし素晴らしいわ
ありがとうございます！
私　お菓子作りが大好きで！
将来はパティシェになりたいな～って思ってて
てへへ…
そうなの！
じゃ　今度プロに会ってみる？

じつは私の夫が隣町でカクタスっていうケーキ屋をやってるのよ
えっ⁉
ガタッ
カクタス⁉
ゆうざき りょう
結崎 涼
涼くん！食べたことあるの？
あるある！
カクタスのケーキっていったらこのあたりでピカイチの人気店だよ！
先生！オレも
ゴフッ
ゴフッゴフッ
喉にクリームが…
わかったわかった

はい 水
ずみません…
じゃあ 今度 遊びに いらっしゃい
2人とも
!!
やったー!!
だから今は 落ち着いて 食べること!

PART 1

パティシエになりたい！

プロのパティシェに会えるなんて緊張しちゃう〜！

パティスリーに行こう！

そう？

いや
ぜーんぜん！
単純にケーキが食べたくて！
!?
今日もカクタスのケーキたくさん食べられるって聞いてるし…
じゅるり…
食欲で来たの⁉
その気楽さ分けて欲しいよ～…
あははっ
カクタス
open
ここだね
2人とも！こっちよ！

いらっしゃい
愛の生徒さんだね
どれでも
好きなケーキを
選んでいいよ
こっ…
こんにちは！
このたびは
お招きいただき
本当にありが…
美しい～
いくつ選んで
いいですか⁉
澤口 聡
（カクタス店主）
ちょっと
涼くん！
失礼だよ！
わちゃ
わちゃ
だって
こんなに
おいしそう
なんだぜ⁉

本当だ

いちごのケーキに
ぶどうのタルト…

近くでみると
宝石みたいに
キラキラしてて

キレイ…

PART1

01 パティシエってどんな仕事？

おいしいお菓子で人々を笑顔にする

「パティシエ」(pâtissier) とは、お菓子やデザートを作る「菓子製造人」を表すフランス語です。フランスでは男性をパティシエ、女性をパティシエールと呼びますが、日本では男女問わず、洋菓子作りを仕事にしている人を「パティシエ」と呼ぶことが多いです。

一般的にパティシエは、ケーキやタルト、チョコレート、パイ、ゼリー、ムース、クッキー、アイスクリームなどさまざまな種類の洋菓子の知識を習得し、テクニックを磨いて、プロならではのおいしくて見た目にも美しいお菓子を作る職人です。

勉強や作業で疲れたとき、お菓子を食べるとホッと心が安らいだり、元気がでることってありませんか？誕生日や記念日、クリスマスにケーキを囲んだり、がんばった自分へのご褒美にお菓子を食べるという人も多いと思います。そんな、**お菓子を通じて食べる人を笑顔にしたり、元気になる瞬間を演出するのがパティシエの仕事です。**

POINT

「パティシエ」が一般的になったのは最近!?

「パティシエ」という言葉が日本に浸透し始めたのは、2000年前後。料理人や菓子職人を取り上げるテレビ番組がきっかけで、それまで菓子職人といわれていた人たちが、「パティシエ」と呼ばれるようになりました。

さまざまある洋菓子の種類

オーブンで焼くお菓子

＊スコーン
＊クッキー
＊サブレ
＊マカロン
＊マドレーヌ
など

デザート菓子（冷たいお菓子）

＊アイスクリーム
＊シャーベット
＊ババロア
＊ムース
＊ゼリー
＊パフェ　など

ケーキ

＊クリームを塗ったデコレーションケーキ
＊チョコレートケーキ
＊チーズケーキ　＊パウンドケーキ
＊タルト　など

ケーキにはたくさんの種類があるよね♪
工程がたくさんあってコツを覚えるのが大変そうだな。

コンフィズリー（そのほかの加工品）

＊キャラメル　＊チョコレート
＊ジャム　＊ヌガー　など

洋菓子は単体の商品で販売することもあれば、組み合わせてワンプレートで提供することもあるよ。

ZOOM IN!

お店によってショートケーキは千差万別

同じ名前のケーキやお菓子でも、お店によって味が違うよ。パティシエを目指すなら、さまざまなスイーツを食べて、自分好みの味を見つけるところから始めよう。

PART 1

02 分業化されるパティシエの仕事

専門技術をもった洋菓子のプロ集団

パティシエはお菓子のなかでも、「洋菓子」を作る職人です。洋菓子とは、ヨーロッパが起源のクリームや果物を用いた生菓子、カステラなどの半生菓子、クッキーなどの焼き菓子のことで、団子やだいふく、どらやきなどの日本発祥のお菓子は「和菓子」と呼びます。パティシエの専門学校でも和菓子について学べるところはありますが、基本的に和菓子はパティシエではなく和菓子職人によって作られます。

また、**パティシエは作るお菓子によって呼び方が変わります。**代表的なものに、チョコレートやチョコレートが入ったお菓子を専門に作る「ショコラティエ」があります。チョコレートは扱いが難しく、とてもデリケートな食品なので専門性が高く、パティシエと分けて呼ばれることが多いです。ショコラティエは、材料であるカカオの選び方や温度管理などの技術力をもつプロフェッショナルで、チョコレートをおいしく、美しく、安全に保つプロです。

POINT

パティシエは分業制の現場が多い

ホテルや工場など1日に大量の洋菓子を製造をするところでは、「生地」「オーブン」「仕上げ」を分業化し、最後の仕上げのデコレーションだけは全員で行う――といった現場もあります。

ひとつひとつの仕事がプロの技

専門職の名称

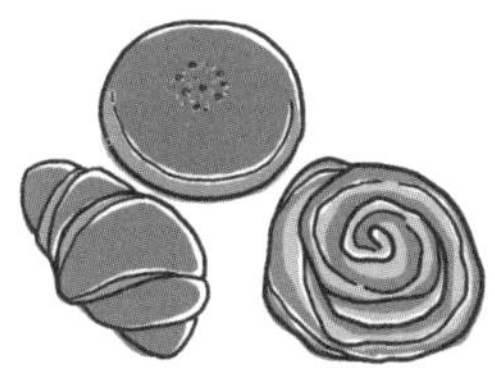

ブーランジェ

パン職人のこと。パンを焼いたり、デニッシュ生地やパイ生地などを作るのがブーランジェの仕事。製パンで働くパン職人をブーランジェと呼ぶこともある。

ショコラティエ

デリケートな扱いが求められるチョコレートのプロフェッショナル。フランスやベルギーでは、パティシエとは別の職業として確立されている。

グラシエ

アイスクリームやシャーベットなど冷たいデザートを作る専門家。レストランで働くグラシエは、デザートが溶けないように運ぶタイミングを工夫している。

担当職の名称

アントルメンティエ

洋菓子作りの仕上げを担当。フルーツをのせたり、クリームなどでデコレーションをする。

フルニエ

オーブン周りを担当。生地の焼き上がり時間を設定し、温度と焼き具合を調整する。

トゥリエ

生地作りを担当。材料を混ぜ合わせ、ケーキの土台になるスポンジ生地などを作る。

担当セクションは変わることも

分業制で仕事をする現場でも、パティシエたちがさまざまな技術を身に付けられるように、数カ月〜数年ごとに担当セクションをローテーションすることが多い。

PART 1

03 パティシエの魅力とは？

自分の感覚を活かして お客さんの笑顔を引きだす

パティシエは、自分が作ったケーキやデザートで人々を幸せにさせるステキな仕事です。スイーツを食べたお客さんに「おいしい」「また食べたい」と言ってもらえると、「もっとがんばろう」と思う人が多く、パティシエにとって、食べてくれた人の笑顔が一番のやりがいにつながっているようです。

また、**スイーツをゼロから作る仕事なので、「オリジナルスイーツの開発」など、創造性を発揮できるのも楽しい側面です。**味だけでなく見た目にもこだわり、世界でただひとつしかないデザートを作ったときの達成感こそ、パティシエならではの魅力でしょう。

さらに、**スイーツを扱う洋菓子店や工場、ホテル、結婚式場などは全国にあり、**また、実力によっては海外の洋菓子店やレストランで働いたり、独立して自分のお店をオープンすることも可能なので、**将来的には自分が希望する場所で、働き方を選択することができます。**

Q uestion

パティシエの仕事って 一生続けられるの？

A nswer

もちろんです。知識や技術を正しくしっかり身に付ければ、現役で長く働き続けることができます。60歳までホテルなどで社員として働き、定年後に自分の店をオープンさせるという人も少なくありません。

パティシエになるとできること

お菓子に囲まれて仕事ができる

「大好きなスイーツをいっぱい食べたい！」という気持ちからパティシエ業界を目指す人もいるでしょう。練習や試作、味見でお菓子を食べるので「とにかくお菓子が好き」という人にはまさに天職。

「手に職」がつく

毎日コツコツ仕事を続けることで、パティシエとして確かな技術が身に付く。努力は必要だが、技術を習得できれば、日本全国、あるいは世界各地に働く場所がある。

「自分のお店」が持てる

将来的には開業して、自分のお店を持つ。または、多店舗展開やスイーツメーカーを立ち上げて、大きくビジネスを展開する ── などの道もある。

ZOOM IN!

パティシエには体重管理が必要!?

パティシエを目指すと練習すればするほどたくさんケーキを作り、自分で食べることになるから、気をつけていないとみるみる体重が増えてしまうのだそう……。体調管理にも気をつけよう。

パティシエのヒミツ大解剖

パティシエのコックコートや技、体、仕事、生活のヒミツに迫ります！

【コック帽】

髪が食材に入らないようしっかり入れる。髪が出てしまう場合はピンで留める。

長髪の場合はネット等に入れる。

【コックコート】

一気に脱ぐことができる特殊なボタン。万が一、コックコートに引火しても、すぐに脱げるのでやけどを防ぐことができる。

汚れを目立たせるために、コックコートは白色。こまめに洗って、常に清潔を保つ。

【コックシューズ】

動きやすく、水や油に強い。

コック帽が長い理由

1. 料理人のトレードマークのコック帽をかぶることで、お客さんに安心感を与える。
2. 帽子の中に広い空間を作り、熱をこもりにくくさせる。
3. 帽子の長さで料理人の地位がわかる。高さがあるほど上位のポジション。

腕の筋肉が発達している

毎日、小麦粉や砂糖の袋など20～30kgの物を持ち運んでいるため、仕事中は自然と筋トレ状態に。

目分量でおおよそ計れる

見た目で材料のおおよそのグラム数が判断できるようになり、正確な計量は微調整で済むようになる。

朝型の人が多い

お店によっては午前6時頃から仕事を始めているところも。早起きが自然に身に付く。

クリスマスは絶対に仕事

日本のパティシエの繁忙期は冬。特にクリスマス時期はケーキ作りで大忙し。

PART 1

04 パティシエの働く場所は？

お店やホテル、洋菓子工場など活躍の場はさまざま

パティシエの働く場所はとても多く、さまざまな職場で活躍しています。**もっともよく目にするのは、町の洋菓子店やケーキ店です。**※ 独立したパティシエが開業していたり、海外の人気パティシエが日本で出店したりと、形態は多様です。

ホテルや結婚式場で働くパティシエもいます。 ホテルでは、ホテル内のレストランのデザート担当のほか、パーティーや婚礼で提供するスイーツを作る仕事があります。大きなホテルでは敷地内にケーキ店やベーカリーショップを構えているところもあり、ベーカリーショップも担当するパティシエもいます。結婚式場では、ウエディングケーキ作りがもっとも花形で重要な仕事です。最近では事前に打ち合わせをしてオリジナルウエディングケーキをデザインする会場も増えています。

また、**洋菓子工場で働くパティシエ**は、大人数で商品をたくさん生産するスタイルでスイーツを作ることが多いです。

AI時代、パティシエの仕事はなくならない？

混ぜる、こねるなど自動化できる工程もありますが、プロのパティシエが作りだす商品は、気温や粉の状態など繊細な加減と技術力が必要なため、ロボットが人間と同じように業務を担うのは難しいといわれています。

※「洋菓子店」とは、洋菓子を手作りして販売している店のこと。
「ケーキ店」とは洋菓子のうち、ケーキに分類される菓子を製造販売している店のこと。

やりたいことから働く場所を考えよう

Aさん

希望

＊記念日の特別な1皿やデザインケーキを手がけたい。

＊かわいらしい細工やデコレーションを極めたい。

おすすめ

ホテル・結婚式場など

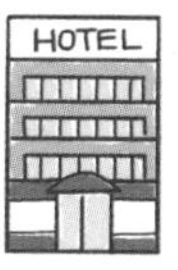

＊工程ごとに役割が分かれていて、たくさんの量を作ることが多い。

Bさん

希望

＊さまざまな仕込み作業を、たくさん経験したい。

＊製造だけでなく、接客やラッピングもしたい。

おすすめ

個人経営の洋菓子店・レストランなど

＊少数精鋭で、仕込みから完成まで手がけることが多い。

希望

Cさん

＊オリジナルの商品開発を手がけたい。

＊ケーキ作り以外のスキルも幅広く身に付けたい。

おすすめ

食品系企業・洋菓子工場

＊専門知識を活かしつつ、事務や営業の仕事なども行う。

パティシエ業界は、比較的転職者が多い

パティシエ業界には「下積み時代はさまざまな経験をしてでも、知識や技術を磨く」という考え方があり、技術的に未熟なうちは給料が低い職場が多い。そのため、2年ほどを目安に技術を身に付けながら転職して給料をアップさせていき、自分が目指すパティシエ像に近づけていくという人も少なくない。

先輩

ホテルで働く パティシエの1日に密着！

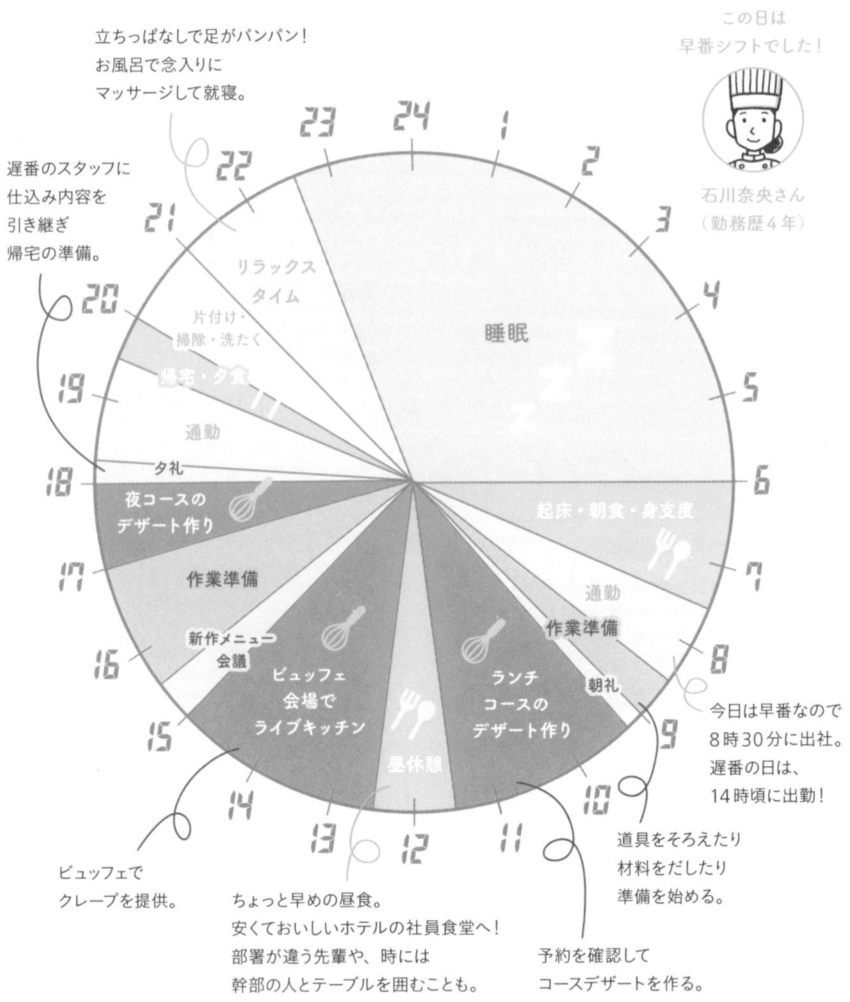

就職先をホテルに決めたきっかけは？

両親の勧めでホテル勤務を決めました。「パティシエになりたい」という夢を応援してくれて専門学校に進学させてもらいましたが、「労働時間が長くて体をこわしてしまうのでは」と心配していて……。でも、ホテルならシフト制でも、勤怠管理がきっちりしていて安心できると思い、就職を決めました。

ホテルで働くメリット・デメリットは？

たくさんのデザートを協力しあって一気に作るので、チームワークが身に付きました。また、担当業務が比較的短期間で変わるので、いろいろなセクションの仕事を早く覚えられます。バンケットのキャプテンや婚礼部門のウエディングプランナーさんなど、他業種の人との交流も多くて楽しいです。デメリットは、コンテストへの出場を検討しているのですが、忙しくて練習時間がなかなかとれないところです。

この先のキャリアプランは？

新人の頃は雑用も多くて目が回るような忙しさでしたが、最近ようやく仕事に「慣れてきた」と感じられる余裕がでてきました。もう少しセクションごとの技術を極めて、キャリアアップしていきたいです。せっかく有名ホテルで働いているので、「箔がつく」ポジションまでがんばりたいです。

個人経営の洋菓子店で働くパティシエの1日に密着！

自分のお店をオープンさせるのが目標！

大野京平さん（勤務歴4年）

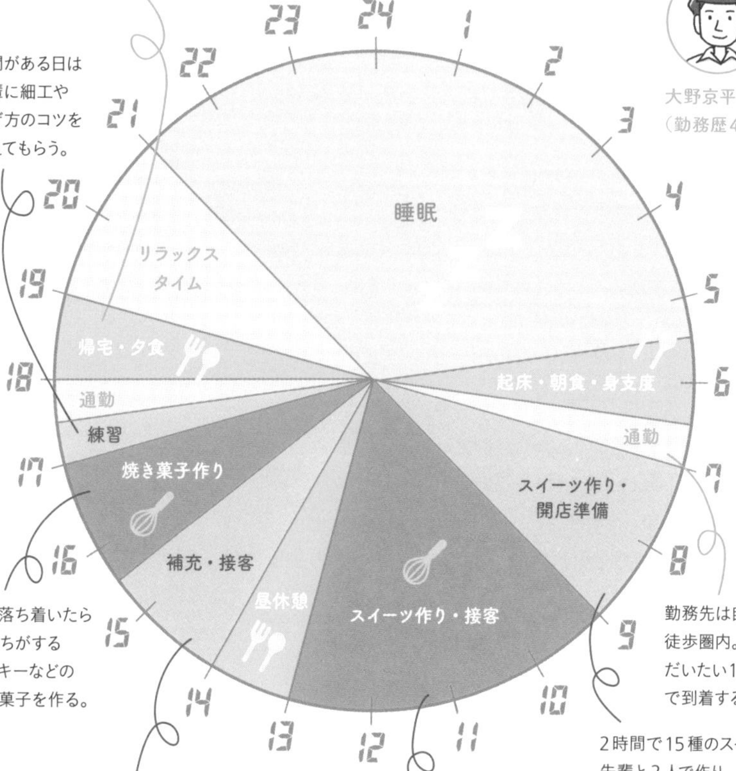

体力的に限界だけど歩いて帰ってご飯！

時間がある日は先輩に細工や混ぜ方のコツを教えてもらう。

少し落ち着いたら日持ちがするクッキーなどの焼き菓子を作る。

たりなくなった商品を接客の合間にどんどん追加で作る。

開店と同時にお客さんが殺到。スイーツを次々に作る。

2時間で15種のスイーツを先輩と2人で作り、商品を陳列棚に並べていざ、開店！

勤務先は自宅から徒歩圏内。だいたい15分くらいで到着する。

睡眠

起床・朝食・身支度

通勤

スイーツ作り・開店準備

スイーツ作り・接客

昼休憩

補充・接客

焼き菓子作り

練習

通勤

帰宅・夕食

リラックスタイム

就職先を洋菓子店に決めたきっかけは？

「将来、自分の洋菓子店を持つ！」という目標があるので、個人経営の、地域で愛され続けている老舗に就職を決めました。じつは大手のスタッフがたくさん働いている有名パティシエのお店にも内定が決まっていましたが、あまりにも有名な人のところで修行をすると「その人の弟子」という色がつきすぎてしまうのではないかと思って、小規模でもがんばれる店を選びました。

洋菓子店で働くメリット・デメリットは？

メリットは圧倒的に幅広い経験が積めるところです。大手では外注していたり分業の作業――たとえばドライフルーツの漬け込みやラッピングを経験できます。デメリットは、やはりスタッフが少ない分、作業量が多くなり残業時間が長くなることや、ホテルや工場に比べて給料が低いのではないでしょうか。ですが、どんな経験も「成長のため」と思うと、決して悪くないと自分では思います。

この先のキャリアプランは？

今の職場は人間関係にも恵まれており、日々、成長を感じながら働くことができています。開業に向けて、そして人生経験のために、できればカフェのような業態のイートインがあるパティスリーで働いてみたい気持ちはありますが、今はまだこのお店で一人前になることを目指してがんばります。

先輩 洋菓子工場で働く パティシエの1日に密着！

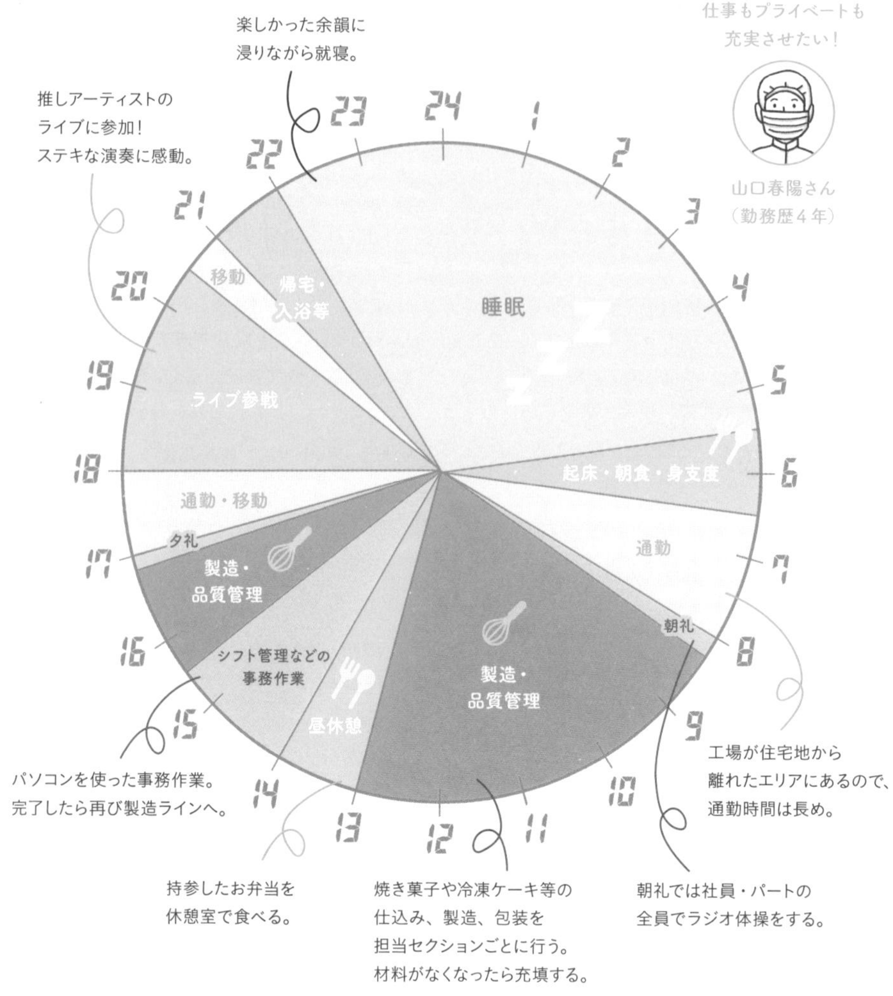

就職先を洋菓子工場に決めたきっかけは？

専門学校卒業後、有名パティスリーに就職したのですが、想像以上の激務だったので「これは続けられない」と思いました。でも、大好きなスイーツにかかわる仕事はしたくて……。就労時間がピッタリ決まっている工場の仕事ならば、スイーツにかかわりながら、もう少し余裕を持って働けると思って転職しました。

洋菓子工場で働くメリット・デメリットは？

仕事の時間がしっかり決まっているので、プライベートの予定が入れやすいです。今、推し活をしているアーティストがいて、夜のライブならば休みを取らなくても参戦できます。また、お給料も悪くないと思います。デメリットは、ほぼほぼ機械が行い、出来上がりの見極めなどの作業が多く、もっとパティシエの技術が使いたい、と思うことはあります。また、たまにはお客さんと接したいと思うこともあります。

この先のキャリアプランは？

転職してすぐは単純作業が多かったのですが、現在は材料や商品品質の管理と、アルバイトやパートさんたちの指導をする責任も任されています。また、当社は※OEMでの商品開発も行っているのですが、先日、本部の社員からパティシエとしての意見を求められました。コツコツ今の仕事をがんばりつつ、本社の商品企画部勤務の希望も視野に入れながら、もっと業務の幅を広げていければと思っています。

※OEM：Original Equipment Manufacturing（Manufacturer）の略で、他社ブランドの商品を製造すること。

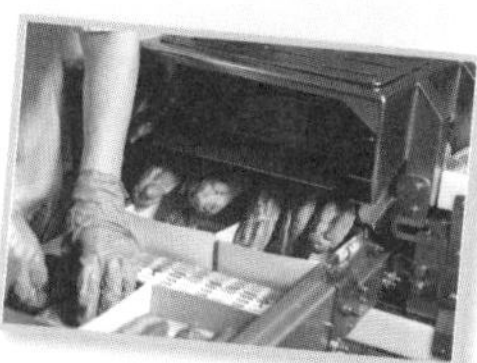

05 パティシエに求められることは？

スイーツが好きで体力がある人

パティシエの素質としてなによりも大切なのは「スイーツが好き」なことです。

甘いものが苦手な人でもパティシエになれないことはありませんが、パティシエになるには、繰り返し作って技術を習得したり、たくさんの種類のスイーツを食べて「おいしさ」を研究する必要があります。もちろん、プロのパティシエになってからも研究は続くので、甘いものをおいしく食べられる人のほうが仕事がしやすいでしょう。

さらに、スイーツ作りには小麦粉や牛乳の分量をきっちり計るなど、繊細で正確な作業が求められます。何度も同じお菓子を作ることもあるので、**根気強く丁寧な作業のできる人が向いています。**

また、ある程度の筋力や体力も必要です。20～30kgの粉袋や砂糖袋、フルーツなどを運ぶことも頻繁にありますし、勤務中は長時間立ちっぱなしで作業をするので、**体力がないと続かない仕事ともいえるでしょう。**

Question
パティシエって、男性と女性どちらが多いの？

Answer
女子の人気職業のひとつであるパティシエ。しかし、実際は業界全体の６割が男性です。体力が必要で重労働という面が大きいのですが、最近はロボットに重いものを運ばせるなど、女性が働きやすい環境に改善するお店も増えています。

パティシエに向いている人ってどんな人？

整理整頓が上手な人

パティシエが働く厨房には材料や機材、仕上がったデザートなどが所せましと並び、さらにたくさんのスタッフでごった返している。スムーズに作業を進めるためにも、整理整頓が身に付いている人は歓迎される。

体力に自信がある人

休憩時間以外はほとんど立ちっぱなしで作業をするので、体力がない人にはきつい仕事。また、重いものを運んだり、腰を曲げた姿勢が長時間になることも多く、腰痛を抱えているパティシエもいるので、腰を支える筋力も必要。

研究熱心な人

材料の組み合わせから、より「おいしい」を追求するパティシエの仕事には、科学者や研究者のような探求心も必要。「なぜこの味になったのか」「理想の味にするにはなにを加えればよいか」を考え続けるチャレンジ精神が必要。

今からでも遅くない！　自分磨きを始めよう

❶使ったものはすぐに片付ける、❷体力をつけるために筋トレやランニングを始める、❸何事も問題意識を持って取り組む ── などは少し意識して生活するだけで、自然と習慣化できるもの。パティシエを目指すなら、今から取り組んでみよう。

06 パティシエのキャリアとは？

自分のキャリアをイメージしてみよう

パティシエの職場は分業で働くスタイルがほとんどで、スポンジ作り、オーブン周りで焼き具合の調整、クリームのデコレーションなど、各セクションをローテーションで担当するため、**すべての技術を取得するまで、5〜10年はかかるといわれています。**

そのため、数回の転職を繰り返し、さまざまな職場で実践経験を積んでから独立して、自分のお店を持つ人もいます。

また、**大きなホテルに就職した人は、転職せずにそのまま「シェフパティシエ」を目指す人もいます。**シェフパティシエとは、その日のメニューの決定や新メニューの開発、材料の発注、スタッフの指導や管理など、パティシエ部門全体を統括する最高責任者です。シェフパティシエになれば当然、給与所得も高くなります。

そのほかパティシエとしての経験を活かして食品会社に転職し、スイーツ商品の開発に携わる道を選ぶ人もいます。

POINT

ブランクがあっても働ける!?

転職が比較的多いパティシエ業界ですが、離職しても再就職がしやすいともいわれています。女性の場合、結婚や出産のタイミングで、インターネットや自宅でお店を始める人もいて、アイデアひとつで多様な働き方ができる時代になりました。

パティシエのキャリアアップ

スーシェフとは

スーシェフの「スー」は「下」という意味。シェフパティシエの次に位置するポジションで、シェフパティシエの補佐や代行、仕上げのチェック、ヘルプ作業などが主な仕事。

シェフパティシエとは

パティシエ全体を総括する最高責任者。制作全体をチェックして、各工程の管理とメニューの決定、材料の発注、原価や売上の計算、新商品の企画などを担う。

給与を上げるためには役職をつけるのが最速

パティシエの初任給はおおよそ15～18万円が相場。年収にすると200～300万円といわれていて、他の職種に比べると低めなのが現状。ホテルや大手レストランの場合は、キャリアアップして役職給がつくことで、給料がアップする例が多い。また、ヘッドハンティングや転職をきっかけに給料がアップしたり、独立開業して収入アップを目指すケースもある。

平均年収の目安

洋菓子店	200万円～350万円
レストラン	300万円～350万円
ホテル・式場	350万円～500万円
開業オーナー	500万円～800万円

「ちょうどいいおしゃれ」がある地元で親しまれるお店を目指しています！

現役パティシエ

山崎貴博さん

長野県出身。東京ベルエポック製菓調理専門学校パティシエ科卒業。卒業後は都内のケーキ店にパティシエとして勤務。2023年1月、都内にCALOR CAKE&BAKE SHOPをオープン。

――パティシエを目指したきっかけと仕事の内容を教えてください。

食べること好きだったので、料理全般に興味があり、将来は料理関係の仕事に就きたいとずっと思っていました。

高校時代、進路を決めるときに「料理のなかでも〝デザート〟は、フレンチやイタリアンなどに比べて競合がまだまだ少なく、開拓・挑戦のしがいがあるのではないか」と感じてパティシエの専門学校に進学を決めました。

卒業後は個人経営のケーキ店に就職しました。最初は接客と洗い物、先輩パティシエが使う道具や機材の準備などが主な仕事で、なかなかお菓子作りをさせてもらえない下積みの日々でした。せっかく就職したお店ですが、運営会社が変わってしまったこともあって、1年後に別の洋菓子店に転職することになりました。

転職先のお店は新人でもしっかりとパフォーマンスをだすことを求める教育方針で、入社してすぐに生地とクリーム作りなどに携わりました。そのお店ではケーキの作り方、メニュー開発、人事など幅広い業務に携わることができ、そこでみっちり10年間働いた後、独立して自分のお店を持つことにしました。

――お店の特徴とこだわり、独立するのに苦労したことを教えてください。

「ちょうどいいおしゃれ」をお店のコンセプトにしています。クラシックすぎず、カジュアルで入りやすいお店を目指しました。

お店作りで一番参考にしたのはコーヒーショップです。制服もコックコートは着用せず首掛けエプロンと帽子というスタイルにして、親しみやすさを意識しています。

ケーキは1日に16種類ほど用意して、旬の果物を使った商品を優先して販売しています。地元の子育て世代のお客さんが多いですね。

お店作りで大変だったのは、テナント探しです。ケーキ屋を開業する人の「あるある」と言われていますが、動力（業務用に大きな電力を必要とする場合に使われる電気のこと）が十分に使える1階の物件で、立地や賃料が希望に合って……という条件の店舗はなかなか見つからないのです。開業の熱意と準備は十分なのに、思うような物件が見つからないという、もどかしい時期がありました。

——専門学校時代の印象に残っていることを教えてください。

フランスの研修旅行です。世界的に有名なチョコレートメーカーの本社に行ったり、パリやリヨンの街を散策しました。すごくキレイな街で、日本とは違う空気、天候、食文化などすべてが刺激的で、クラスメイトと過ごす時間がとても楽しかったです。

私の場合、新商品のアイデアを練るときは街を散歩してアパレル店や家具店を巡り、ケーキとは無関係なものから着想を得ることが多いのですが、振り返ると、普段の実習や座学以外にも、ケーキ作りに大切なヒントが隠されていたのかな、と思います。

それから、製菓理論というお菓子を科学的に考える授業はもっとちゃんと勉強しておけばよかったな、と思っています。お菓子の味や膨らみの変化や仕上がりの違い、なぜ失敗をしてしまうのかなどの理由は、追求すると「化学」で説明ができるんです。お菓子を理論立てて作るための化学的な知識は、就職してから現場でかなり役に立っています。

——これからパティシエを目指す人にメッセージをお願いします。

パティシエの仕事は想像以上に体力を使います。重い材料や包材を運んだり、硬い生地を絞ったり伸ばしたりするときにはすごく力を使いますし、セクションや作業内容によって寒さ・暑さが極端です。

また、土曜日、日曜日やクリスマスなど、友達や家族が休みの日にも仕事をしなくてはいけないことも多いです。乗り越えなくてはいけないハードルはいくつもありますが、「やっぱりお菓子が好き」という気持ちを持ち続けられる人は、きっとパティシエとして向いていると思うし、世の中に新たな流行を生みだすことができるはずです。

がんばってください！

専門学校に通う先輩のリアルな声を大調査

学生インタビュー

市川萌衣（いちかわめい）さん

千葉県出身。
東京ベルエポック専門学校
パティシエ科2年生。

専門学校に入って成長を感じることは？

A nswer

レシピを見なくても頭の中で考えて、お菓子作りができるようになったことです。趣味で作っていた頃はレシピどおりにしか作れませんでしたが、「このレシピだと表現したい味にならないかも」と思ったときに、自分なりにアレンジができるようになりました。いずれは、オリジナルレシピの商品をお客さんにだせたらいいなと思います。

アルバイトはしていましたか？

A nswer

個人経営の洋菓子店でアルバイトをしていました。クリスマスにシェフと一緒に大量のケーキを作ったことがよい経験になりました。何時間も作り続けて、100個ほどホールケーキを作りました。また、お歳暮やお盆の贈り物など、熨斗（のし）をかけたりラッピングをする業務もありました。そのおかげで、知識と技術が身に付いて、ラッピング検定もスムーズに合格できました。

将来の夢は？

A nswer

「こういうケーキが欲しい！」というお客さん一人ひとりのリクエストに応えられる、オーダーケーキに対応するケーキ店を開業したいです。

パティシエ科に進学したきっかけは？

A nswer

小さい頃、近所のケーキ店でステキなケーキを見て以来、パティシエにずっとあこがれていました。お菓子作りも趣味でしたし、高校生になっても気持ちが変わらなかったので、パティシエ科に進学を決めました。

印象的な授業はありますか？

A nswer

ホテルで働くパティシエに指導をしてもらえる授業が楽しかったです。スポンジを一度に大量に焼くときは、授業で習った少量を焼くときとはまったく違うことを知り、現場ならではのテクニックを教えてもらえて勉強になりました。

授業で大変だったことはありますか？

A nswer

飴細工が難しかったです。何度も割れてしまったり、完成したと思ったら倒れてしまって最初から組み直しに……など、苦労しました。特に卒業制作ではグループで大きな飴細工を作るので、バランスを考えるのが大変でした。

PART 2

パティシエを目指そう

スイーツ
へー！
織部さん
ずいぶん本格的な
スイーツを
作ってるのね！
えへへ
自己流
なんですが…
パティシエの
仕事を
知ろう！
自分が作った
スイーツを食べて
おいしいよ
笑顔になって
くれるとすっごく
嬉しくて…
ステキだと思うよ
ぜひがんばって
パティシエに
なってほしいな
聡さん

でも
パティシエになるって
大変ですよね…？
あはは
一見オシャレに
見えるけどじつは
想像以上にハード
だったりするね
どんな職業にも
共通することだけど…
25キロの
小麦粉を抱えて
何回も運んだり
こねたり混ぜたり
同じ作業を
繰り返したり…
下積み時代は
ヘトヘトだったよ
hard days…
25kg
腕
疲れそう…
でもさ

仲間もいたし
なによりもスイーツが好きだったからがんばってこれたんだ

休みの日まで
ケーキを作ったり
食べ歩きに行ったり
してたよね
うん
大変だったけど
楽しかったな～
だからキミも
楽しむ気持ちを
忘れずに
たくさんの
人を
笑顔にして
ほしいな！
がんばります！
楽しむ気持ち
かぁ…
聡さんっ！
新作のババロアも
おいしいけど
特にこのレモンムースは
すげー　うまいっす！
苦味が
絶妙!!

結崎くんすごいね！

これはレモンのワタも一緒に煮込んで

バランスを表現するのにすごく苦労したんだ

気がつくなんてすごいなぁ

結崎くんパティシエの素質があるよ！

じゃあこのガトーショコラも食べてみて
涼くんすごいな…
味のこまかいところまでわかるんだ
いくらパティシエになりたくても
ああいう「素質」がないと無理なのかな…
ズキ…
…いいな
…

PART 2

01 パティシエになる道のりは？

パティシエを目指すなら専門学校への進学が近道

「パティシエになりたい」と思っている多くの人が専門学校を卒業後、洋菓子店やホテルなどに就職しています。

以前は「調理師を目指していたけれど洋菓子の担当になり、そのままパティシエになった」という人が多くいましたが、**現在は、パティシエになりたいと明確な意志を持ち、パティシエの専門学校を卒業してキャリアをスタートさせる人がほとんどです。**

日本の専門学校への入学以外にも海外に留学し、現地の店で修行を積んで本格的な洋菓子作りを学び、パティシエを目指すという人もいます。ただし、いきなり海外に行っても菓子作りの技術や経験がなく、現地の言葉も話せなければ、お店で働くことすら難しいです。そのため、留学時は語学学習と製菓専門学校での授業、店舗での研修がまとまっているコースを選ぶ人が多いです。

ちなみに、パティシエの海外留学は本場フランスがメジャーです。

Question
パティシエは理系科目が得意だと有利って本当？

Answer
粉と液体を混ぜて膨らませたり、固まらせたり……。この科学的現象を正しく行うには、正確な計量と温度管理が大切で、お菓子作りが科学的といわれる所以です。理系に強い必要はありませんが科学的視点を楽しむことは大切です。

パティシエへの道！　キミはどれを選ぶ？

コース1 パティシエ専門学校（2年制）

パティシエを目指すための学校。多くの学校が2年制で、「製菓衛生師（→P.46）」の受験資格が得られる。「パティシエになる！」と決めている人におすすめ。

学費
約350万円
特徴
洋菓子の専門知識が身に付く。技術の向上に集中できる。

コース2 パティシエ専門学校（3年制）

パティシエに必要なカリキュラムと調理師に必要なカリキュラムの両方が受講できる。製菓だけでなく、和・洋・中の調理全般の知識と技術が身に付く。

学費
約500万円
特徴
調理で活躍するフィールドを広げやすくなる。

コース3 海外留学

フランスなど、海外の専門学校で製菓を学ぶ。留学期間は基礎取得が目的の半年以内のコースから、3年間の本格的コースまでさまざま。

学費
・半年コース　約350万円
・3年コース　1000万円以上
特徴
洋菓子の本場・海外で知識とテクニックを学ぶ。そのまま現地で就職することも。

コース4 見習いとして働きながら学ぶ

レストランなどで見習いとして働きながらパティシエ技術を身に付ける。現場で技術を学ぶことができるが、自発的に学ぶ姿勢が必要。

給与
月給16万円～
特徴
未経験者の場合、最初は簡単な調理補助、販売担当から始めることが多い。

1年制のパティシエ専門学校もある

1年間でパティシエの基礎技術と製菓衛生師（国家資格）の受験資格が得られる専門学校もある。1年制の場合、学費は170万円前後。「学費を抑えたい」「基礎は学びたいけれど、できるだけ早く現場で働きたい」という人に向いている。ただし、実技・座学に加えて就職活動もこの1年間で行うため、かなり多忙な学生生活になる。

PART2

02 パティシエに必要な資格は？

製菓衛生師の資格があれば実力の証明に！

「パティシエ」は職業の名称なので、パティシエとして働くために必要な資格はありません。そのため、独学でもスイーツ作りが上手な人がパティシエを名乗ることも可能です。

しかし、プロとして活躍するなら、専門知識を証明できる「製菓衛生師」は取得すべきでしょう。

製菓衛生師は国家資格で、試験には和菓子・洋菓子知識のほか、理論、栄養学、衛生知識などが出題されます。パティシエになるために必ず必要な資格ではありませんが、取得していれば、就職や転職の際に有利になったり、将来、洋菓子店を開業するときに必要な「食品衛生責任者」の資格が取得しやすくなるなどメリットがあります。

製菓衛生師は、国から認定された専門学校で1年以上学ぶ、または2年以上現場で菓子作りをしていた人に受験資格が与えられます。専門学校を選ぶときは、製菓衛生師の受験資格が得られるかどうかの確認を必ず行いましょう。

POINT

製菓衛生師は全国で受験可能

製菓衛生師の試験は各都道府県で年に1回実施されます。試験はすべての都道府県で受験OK。日程は都道府県によって異なるので、不合格になっても、その後に行われる別の都道府県で再受験することができます。

取得しておくとよい資格

製菓衛生師

厚生労働大臣が定める基準に基づき、各都道府県が実施する国家資格。衛生知識があり、安全に菓子作りができる証明になる。パティシエ以外に、和菓子職人やパン職人も取得することが多い。試験日程は都道府県によって異なる。

＊筆記試験のみ（4択）
＊試験科目は、「衛生法規」、「公衆衛生学」、「食品学」、「食品衛生学」、「栄養学」、「製菓理論及び実技（実技は、和菓子、洋菓子、製パンのいずれか1つを選択）」

フードコーディネーター（3級）

特定非営利活動法人日本フードコーディネーター協会が主催する民間資格。「食」に関する基本的な幅広い知識と、フードビジネスについての専門的な知識が求められる。3級から1級まであり、試験は年1回。パティシエになるなら3級は取得しておきたいところ。

商業ラッピング検定

一般社団法人日本商業ラッピング協会が主催する民間資格。箱の組み立て方、包み方、リボン、のし紙のかけ方の実技がある。 東京、名古屋、大阪で開催されている。こちらも1～3級まであるので、チャレンジするなら3級は取得しておこう。

いろいろな資格をパティシエのキャリアに活かす

フード関連の資格以外にも、色についての「色彩検定」や、接客について学ぶ「サービス接遇検定」などの資格を持っておくと、知識の証明になる。どんな資格でも必ず自分のキャリアアップの役に立つので、どんどん挑戦してみよう。

PART2

03 パティシエの専門学校って？

パティシエに必要な知識と技術を基礎から学ぶ

専門学校ではパティシエに必要な栄養学の基本的な知識を学び、実技を通して製菓の基礎技術を身に付けます。ほとんどの専門学校は2年制で、1年次に国家資格「製菓衛生師」の試験に向けた授業が行われ、2年次の上半期に試験を受ける人が多いです。

実技の授業では、数人のチームでケーキやクッキーなど、さまざまな洋菓子を作ります。

製菓には、材料を計る、切る、混ぜる、膨らます、焼く、冷やすなど、それぞれの工程で必要な知識とテクニックがあります。**レシピどおりに作らないとうまく膨らまなかったり、固まらなかったりして失敗につながるので、実技の授業でたくさん経験を積み、基礎をしっかり習得することが大切です。**

2年次になると店舗やホテルでの実習やインターンシップなどの機会を通じて、就職活動が始まります。就職活動は夏までに内定を目指すのが一般的です。

Question パティシエになるための大学はない？

Answer 栄養学と製菓が学べる大学や短期大学はありますが、大学は専門学校に比べて実技の授業が少なくなります。一方、栄養士や管理栄養士の資格を取得したい人は大学進学を検討してもよいかもしれません。

2年制の専門学校の入学から卒業まで

1年次    

入学

座学

「製菓衛生師」の試験合格を目指して、栄養学や衛生について学ぶ。学校によっては1年次は週の半分が座学中心だったり、リモート授業をしているところもある。

実習

手の洗い方や道具の持ち方、材料の扱い方など、製菓の基礎をゼロからしっかり学ぶ。洋菓子を作るための基本的なテクニックと工程を学習する。

2年次    

実習・座学

実習は、1年次で学んだ基礎技術を現場で活かすため、ホテルや洋菓子店での実習を体験しながら、さらなる技術を学ぶ。座学は資格試験対策が中心に。

試験

初夏〜夏にかけて、各都道府県で製菓衛生師の試験が行われる。

実習

苦手な工程を練習したり、就職先の研修を受けたり、学生コンテストに出場して、パティシエとしての技術力を高めるための練習をする。

その他

就職活動スタート。キャリア支援部のサポートを受けながら、ホテル・洋菓子店・工場など希望する働き先に面接を受けに行く。

卒業

テストやコンテストで実力をつけよう

専門学校の実技テストでは、ケーキの土台になる基本のスポンジの作り方や、クリームの塗り方など、パティシエに必要な基本のテクニックが評価される。しっかり練習して挑めば、就職後も活かせる技術を身に付けられる。そのほか、飴細工やマジパンなど、ジャンルごとに学内コンテストを開催している学校もある。

積極的に参加することが実力アップにつながるよ。

パティシエ科1年次のスケジュール例

※授業内容は学校によって異なります。

	月	火	水	木	金
1限目 9:00～10:40	製菓理論	栄養学	製菓実習	食品衛生学	製菓実習
2限目 10:50～12:30	製菓理論	公衆衛生学	製菓実習	食品衛生学	製菓実習
3限目 13:10～14:50	キャリア教育講座	食品学	製菓実習	衛生法規	製菓実習
4限目 15:00～16:40			製菓実習		製菓実習

実習は週2日 朝から夕方まで

1年次は座学が中心でも、週に2回は実習があり、うち1回は必ず洋菓子作りの授業がある。簡単な焼き菓子から始まり、スポンジケーキの作り方、クリームの塗り方などを習得。

洋菓子以外の実習も

前期は和菓子、後期は製パンの授業があり、洋菓子以外の調理についても学ぶ。

座学は「製菓衛生師」取得に向けた授業が中心に。

放課後はなにしてる？

放課後は学校で学んだことの復習や、テスト前には実技を猛練習している。飲食店や洋菓子店で就職前に経験を積むためにアルバイトをしている学生も多い。

社会人としての基本行動やマナー、伝え方、傾聴スキルなどを学ぶ。

パティシエ科2年次のスケジュール例

※授業内容は学校によって異なります。

	月	火	水	木	金
1限目 9:00～10:40	キャリア教育講座	製菓実習	創作菓子実習	製菓実習	コラボレーション授業
2限目 10:50～12:30	資格対策演習				
3限目 13:10～14:50	ラッピング実践				
4限目 15:00～16:40					

本格的な洋菓子の実技授業が中心

難しいデザートへの挑戦や、デザイン性の高いケーキ作りなど、より専門的な技術を学ぶ。

授業は週4日が実技に

2年次の授業はほぼ実技。週1回、ホテルや有名レストランで活躍する現役パティシエによる特別授業などがあり、実際の仕事現場で役立つテクニックを学ぶことができる。

資格取得に向けての模擬試験など試験対策を中心に学ぶ。

放課後はなにしてる？

前期は「製菓衛生師」の試験勉強と就職活動でかなり多忙になる。就職が決まったら、後期はコンテストなどにチャレンジして実力を試す。

応用授業で
技術を磨くためには、
1年次の基礎が
大切なんだ。

PART2

04 パティシエに必要な知識は？

衛生と栄養の知識があってこそ一流のパティシエになれる

パティシエにとってもっとも大切なのは食の安全であり、「衛生管理」に関する知識です。食中毒や感染症が発生するメカニズムや、人体に影響のある添加物を学ぶことで、現場での事故や事件の発生を未然に防ぎます。

また、洋菓子作りに使われる小麦粉や砂糖、卵、フルーツなどは、アレルギーの原因になりうる食材なので、どんな栄養素がどれだけ含まれていて、それぞれの成分が体にもたらす害と影響を知ることも大切です。こうした知識は、優れた商品やメニュー開発にも役立ちます。

さらに「チョコレートは何度で溶けるのか」「なぜ砂糖は分けて入れるのか」「材料によって焼き色が変わる理由」など、材料や製法を理論的に考える知識も不可欠です。

技術はもちろん、洋菓子作りに関する幅広い知識と徹底した衛生管理を身に付けることで、責任感とプロ意識の高いパティシエに成長できるでしょう。

POINT

語学の勉強も必要

パティシエの職場では、食材や調理についてフランス語で指示されるので、優先して習得すべきはフランス語です。ただし英語も理解できると、お客さんとのコミュニケーションの幅が広がるので語学の勉強はおすすめです。

専門学校の座学例

※授業の呼び方は学校によって異なります。

衛生管理

清潔な調理現場の保ち方、食品の安全な保存方法と取り扱い方など。

栄養学

栄養素の働き、食事バランス、栄養と消化吸収のメカニズム、糖尿病や高血圧症など食事と病気の知識など。

世界の食文化

食事以外の嗜好品としてのお菓子の歴史を知り、世界や日本の食文化や人とお菓子の関わりなどを考える。

食品に関する法律

食品を販売するときに必要な食品表示のほか、禁止されている食品添加物、飲食店の営業許可の取り方など。

材料学

砂糖、小麦粉、卵、バター、牛乳などの成分や、溶ける、膨らむなどのメカニズムについて学ぶ。

これらの知識を組み合わせれば…

企画1 海外の寒い地域で食べられているような、日本ではあまり知られていないお菓子を販売したいな。

企画2 ダイエット中の人が罪悪感なく食べられるスイーツを作るには、どんな材料を使うといいんだろう？

企画3 卵や小麦粉にアレルギーを持つ人のために、どんな食材を使ってスイーツを作ろうかな？

さまざまな商品の開発に応用可能！

ちなみに、将来、自分で洋菓子店をオープンしたい人は、学校の勉強以外に本を読む、講座を受けるなどして、経営について勉強しておくと、売上に対しての材料費のコストや資金繰りの考え方が身に付くのでおすすめだよ。

PART2

05 洋菓子作りに必要な道具は？

専門学校には洋菓子作りに必要な道具がそろっていて、実習では学校の備品を使うこともできますが、ナイフやクリームを絞る金口は自分専用の道具を購入し、手入れをしながら使用することが多いです。

専用の道具を使いこなせるようになることはとても重要ですが、まずは一般的な調理器具にたくさん触れて、慣れておくとよいでしょう。普段の料理でも、目分量ではなく計量スプーンを使って計って入れるだけでも、洋菓子作りの感覚を養う手助けになるはずです。

作るお菓子によって道具を使い分ける

製菓では、なにを作るかによって使う道具が異なります。ボウルや泡立て器、計量カップなど、一般的な調理道具を使用することもあれば、パレットナイフや絞り袋、口金など洋菓子だけに使う専用の道具もあります。**道具は用途によって細かく種類が分かれていて、より専門的な道具を使うことで、なめらかな食感や細工の美しさにこだわりをだしやすくなります。**

道具を丁寧に扱う人はよい仕事ができる人

料理人、美容師、ネイリスト、大工など、自分の「腕」で勝負をする職業では、道具を大切にできることがよい職人の条件ともいわれています。それはどの仕事を達成（完成）するのにもその道具が必要だからです。

基本の道具を覚えよう

パティシエが使う道具はたくさんあるけれど、
ここでは使用目的別に紹介するよ。

計る道具

何度作っても同じおいしさで作れる「再現性」がプロの証。目分量は絶対にしないで、必ず道具を使って計ること。

スケール（はかり）

材料の重さを計る道具。0.1g単位で計れる**デジタルスケール**は必需品。電池切れのない針式の**アナログスケール**は予備として持っていると便利。

計量カップ

生クリームや牛乳などの液体や粉を計る道具。熱い液体でも計れる耐熱性がおすすめ。

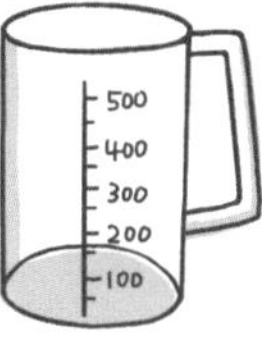

計量スプーン

少量の粉や液体を計る道具。基本的に、大さじ（15ml）、小さじ（5ml）があればOK。

切る道具

仕上がりに差が出る繊細なパテシエのナイフ。歯がないものでもナイフと呼び、作業に欠かせないもの。

パレットナイフ

生クリームの表面を滑らかに整える歯のないナイフ。歯が波打っていてスポンジ生地やパイをカットする波刃などもある。

ペティナイフ

刃渡りが8～15cmの小さいナイフ。フルーツの飾り用カットなど細かい作業に使う。

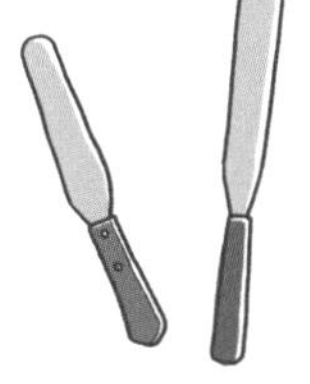

混ぜる道具

ケーキの生地や生クリームを混ぜるときにボウルとセットで使う。軽く握り、手首をやわらかく動かすのがコツ。

泡立て器（ホイッパー）とボウル

泡立て器はステンレス製のもので、ワイヤーの数（卵用が12本、クリーム用が8本など）で使い分ける。持ち手の長さはボウルの直径と同じものを選ぶとよい。時短で泡立てたいときは電動泡立て器を使うこともある。ボウルは熱伝導のよいステンレス製がおすすめ。

基本の道具を覚えよう

混ぜる、練る、集める すくう、入れる道具

さっくり混ぜる、材料をまとめる、集める、すくうなど、何通りもの使い方ができるヘラ。木製とゴム製がある。

ヘラ

木製は火にかけているときや硬いバターなどを練ったりするときに使う。ゴム製はしなりを活かしてボウルから材料をかき集めたり、すくったり、型に入れるときに使う。ゴム製は耐熱性でヘッドと持ち手が一体になっているものがおすすめ。

絞る道具

クリームやクッキー生地を絞りだすときは、絞り袋と口金を使う。均一の量をだし続けることで統一感が生まれる。

絞り袋

布製とビニール製がある。クッキー生地や焼き菓子など、硬い生地や熱い生地を絞るときは布製、生クリームなどを絞るときはビニール製を使う。布製はキレイに洗ってよく乾かして保管する。

口金の種類

絞り袋の先につけて使う口金は、高さ3～5cmくらいの円すい形で、種類も豊富。
口金の形で絞りだされる模様が変わるので、ケーキの種類によって使い分ける。

星口金

＼ホイップクリーム／

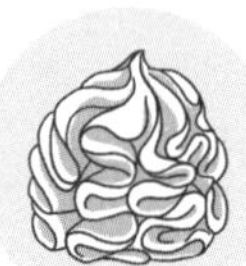
特殊口金

＼デコレーション／

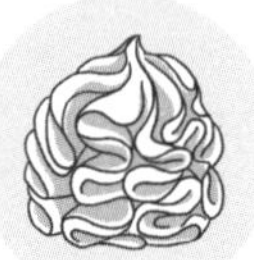

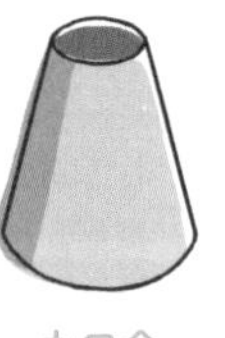
丸口金

＼マカロン・メレンゲ／

モンブラン口金

＼モンブラン／

デコレーションの口金は切り込みが多いほど華やかになります。袋に生地を入れすぎないことが絞りだしやすくするポイントだよ。

塗る道具

ツヤだしなど塗りの道具として使用。豚、山羊、馬などの天然毛が一般的だが、劣化すると毛が抜けやすいのでシリコン製を使っている人も多い。

はけ

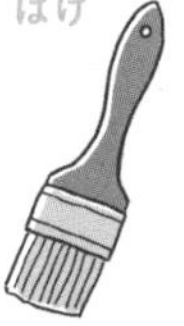

伸ばす道具

生地を薄く伸ばすときに使うのがめん棒。木製、ステンレス製、樹脂製のもので、あまり太くない長めのものがおすすめ。パン作りにも使われる。

めん棒

ふるう道具

粉をふるってダマをなくす道具。ハンディタイプやざる形のストレーナータイプがある。どちらも、目の細かなステンレス製がおすすめ。

粉ふるい

固める道具

生地を流して焼いたり固めたりするときに用いる。作るお菓子によって形が異なり、種類もサイズも豊富。シリコン製やステンレス製がある。

型

型の種類

型にはケーキ型、シフォン型、タルト型、マドレーヌ型、パイ型、マフィン型、プリン型、ゼリー型などお菓子ごとにたくさんの種類がある。底が抜けるタイプもあり、底がない型はセルクルと呼ぶ。

セルクル

ケーキ型

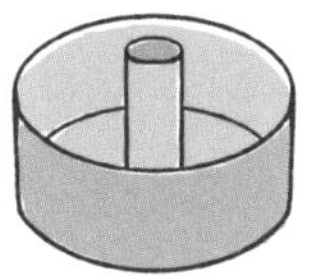

シフォン型

マドレーヌ型

そのほか、あると便利で仕上がりが違ってくるおすすめの道具は、下の2つなんですって。

ケーキクーラー

焼き上がったケーキを上に置いて冷ます台。足付きで下から熱を逃がすので、効率よく冷ますことができる。

回転台

ケーキの側面にクリームを塗るときに使う回転する台。くるくる回してパレットナイフでクリームを塗る。

PART 2

06

お菓子作りに必要な材料は？

性質と特徴を理解して使い分ける

洋菓子を作るときは必要な材料をそろえることはもちろんのこと、その材料の性質と特徴を正しく理解することが大切です。

お菓子の特徴といえば「甘さ」ですが、洋菓子では甘さを表現するために砂糖がよく用いられます。砂糖も原材料や粒子の細かさで、グラニュー糖、白双糖（しろざらとう）、三温糖（さんおんとう）、黒砂糖などさまざまに分類されます。甘みはもちろん、しっとり感や焼き色加減、香ばしさなどが異なるので、性質をよく理解して使い分けます。

また小麦粉は、たんぱく質に含まれるグルテンの量で強力粉、中力粉、薄力粉に分かれています。グルテン量が多い強力粉はパンに使用し、少ない薄力粉はスポンジやビスケットに使用します。これもグルテン量の違いで生まれる変化を使い分けているのです。

こうした**材料の種類や特徴を理解することでレシピの構造を読み解くことができ、自分でレシピを考えるときにも役立ちます**。

Question
高級食材を使えばおいしいお菓子が作れるの？

Answer
必ずしも「高級」なものを使ったからといっておいしい洋菓子ができるわけではありません。パティシエとして重要なのは、それぞれの食材の特徴を知っておくこと。味と香りのバランスが大切です。

洋菓子に欠かせない材料

主な砂糖

上白糖	真っ白でもっとも一般的な砂糖。焼き生地に使うとしっとり仕上がる。
グラニュー糖	粒子が細かくやさしい甘さ。洋菓子レシピで砂糖の表記はグラニュー糖のこと。
白双糖	大きな結晶で純度が高く、上品な甘さで高級な洋菓子や和菓子に使われる。
中双糖	白双糖を再加熱した黄褐色の砂糖でザラメのこと。わたあめ作りなどに使われる。
三温糖	三度煮詰めて作るコクのある砂糖。色が気にならない焼き菓子に。
黒砂糖	サトウキビから作られた濃厚で複雑な味わい。パンや焼き菓子におすすめ。
粉砂糖	グラニュー糖を粉状にしたサラサラの粉糖。デコレーションやアイシングに。

主な小麦

薄力粉	スポンジ、カステラ、クッキー、ビスケットに使う。
中力粉	バゲット、クラッカー、うどん、各種料理に使う。
準強力粉 強力粉	パン（食パン、菓子パン）、ラーメン、そばのつなぎに使う。
デュラム粉	パスタ、マカロニに使う小麦粉。

主な油脂

- バター
- ラード
- ショートニング
- マーガリン
- ココアバター

主な乳製品

- 牛乳
- 粉乳
- 練乳
- クリーム
- チーズ

主な凝固材料

- 寒天
- ゼラチン
- アガー
- ペクチン

主な香料

- ラム酒
- シナモン
- バニラエッセンス

洋菓子は薄力粉を使って作ることが多いけれど、レシピを考えるときは、材料の特徴を活かして「デュラム小麦を使ってシュークリームを作ってみようかな」みたいにアレンジすることもあるよ！

PART 2

07 洋菓子作り上達のコツは？

日々、練習を重ねて基礎技術を磨く

専門学校では、1年次からたくさんの洋菓子を作ります。1回の授業でひとつの洋菓子を作りながら基礎技術を学んだら、基礎技術を組み合わせて別の洋菓子作りに応用していくといった手順でステップアップしていきます。

焼き菓子、ケーキ、アイスクリームやゼリーなど、作るジャンルはさまざまなので、2年次になる頃には、しっかりと基礎が身に付き、盛り付けや組み合わせにもチャレンジできるようになります。

ただし、ケーキの土台になるスポンジを作ったり、生クリームを絞ってデコレーションしたり、ケーキのスポンジにクリームをキレイに塗るなどのテクニックは一朝一夕には身に付きません。実技の授業を受けたあとも、コツコツと練習を重ねて習得する必要があります。

洋菓子作りの基礎技術は、練習を重ねた分だけ上達します。自分の得意、不得意を分析し、努力することが大切です。

Question

実習で作ったお菓子は食べられるの？

Answer

実習で作った洋菓子を自分で食べて、感想をまとめるのも大切な勉強。洋菓子は、ほんの少しの材料の増減や工程の違いによって、味、舌ざわり、香りが変わる繊細なもの。授業で習う基本の味をきちんと覚えておきましょう。

専門学校で最初に作る基本の洋菓子例

※作るお菓子は学校によって異なります。

マドレーヌ、フィナンシェ

フランスの伝統的な焼き菓子の作り方を学びながら、卵白の泡立たせ方を習得する。

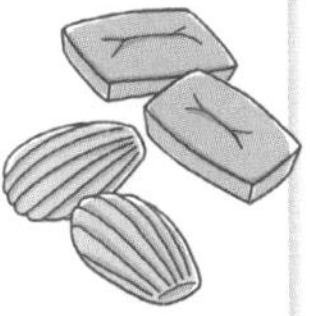

ケーク・オ・フリュイ

シュガーバッター法という、砂糖とバターに空気を含ませて混ぜ合わせたあとに卵、小麦粉を加える方法を学ぶ。

プリン、タルト・オ・ポワール

フランス料理で使われる「アパレイユ」という液体状の生地の作り方と、流し込み方を学ぶ。

シュークリーム

しっかり膨らみ、生焼け状態になっていない正しいシュー生地の作り方を学ぶ。

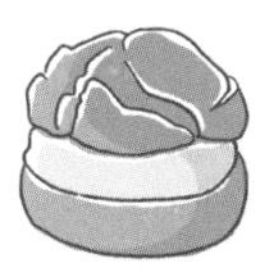

クラシックショコラ

チョコレートとカカオについて学習し、チョコレートが溶けて固まる仕組みを学ぶ。

チーズケーキ

計る、混ぜる、焼く、切るなどの基本を組み合わせ、応用しながら作る。

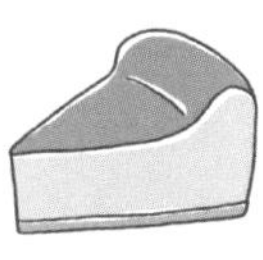

ZOOM IN!

作り続けることが上達のコツ

洋菓子作りの上達のコツは、とにかく作ること。練習あるのみです。しかし、ただ努力をするだけでは楽しくありませんし、長続きしません。そこで、「1日ひとつのお菓子を作ってSNSに投稿する」「焼き上がりの様子や反省点をまとめたノートを作る」など、自分に合った方法でスイーツを作り続け、腕を磨いていこう。

僕は、いつも1～2週間ごとに作るスイーツのテーマを決め、まるで実験のように分量を変えながら、何度も作ってデータをまとめていたよ。今でもそのデータは宝物なんだ。

ケーキ作りにチャレンジ！

スポンジケーキの種類

生地作りには、基本的なテクニックと考え方がたくさん詰まっています。
パティシエを目指す人は、たくさんのスポンジ生地を焼いて、
技術の習得を目指しています。

ビスキュイ

別立法（別立て）という、卵の白身と黄身を別々に泡立ててから合わせて作るスポンジ生地。絞りだして焼くことができる。卵白を泡立てるメレンゲを使用するので、軽くてふんわりした仕上がりになる。

【材料】30cm×40cmのプレート1枚分

卵黄60g（3個分）／卵白90g（3個分）／砂糖90g／薄力粉90g

【作り方のポイント】

卵白と砂糖を混ぜて「つの」が立つまで泡立てたメレンゲに、別で卵黄と砂糖を泡立てたものを混ぜ合わせる。薄力粉を入れて再度混ぜ合わせて生地を絞る。薄力粉を入れて混ぜ合わせるときは、メレンゲの泡と泡の間に小麦粉を滑り込ませるようにゴムベラで切るように混ぜるのがポイント。

ジェノワーズ

共立法（共立て）という、卵の白身と黄身を一緒に泡立てる方法で作るスポンジ生地。きめが細かく、しっとりソフトな仕上がりが特徴。メレンゲを使わないので、バターを使っての風味付けができる。

【材料】直径18cm丸型1台分

卵150g（3個）／砂糖90g／薄力粉90g／バター30g

【作り方のポイント】

全卵を湯煎して36度まで温めてから、ハンドミキサーでしっかり泡立てる。高速で泡立てると大きな気泡が、低速なら小さな気泡ができるので、最初は高速で、次に中速、低速と切り替えて、最後には細やかな泡になるよう調整することで、しっとりやわらかい生地ができる。

ジェノワーズを上達したくて、
専門学校時代にたくさん焼いたなぁ。

練習あるのみ
なんですね！

ナッペに挑戦

「ナッペ」とはケーキにクリームを塗ることで、「下塗り」をしたら、その上に塗り重ねて「本塗り」で仕上げます。「下塗り」はスポンジケーキのカス（粉）が出ないために行う工程で、できるだけ薄く塗るのがコツです。

下塗り

下塗りするクリームは「八分立て」という、泡立て器を持ち上げても落ちない程度の硬さに泡立てたクリームを使う。

1
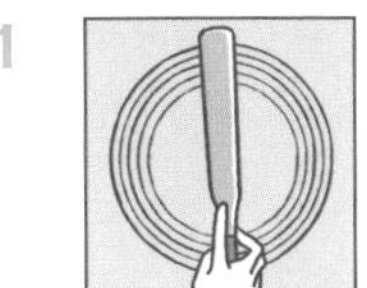
パレットナイフを親指と中指で固定し、人差し指を伸ばして中央を支えるように持つ。

2
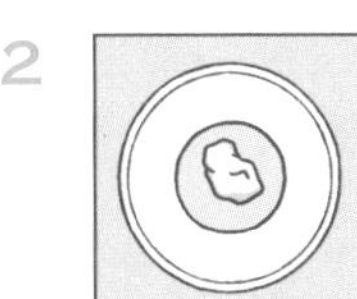
ヘラでまん中に生クリームをのせ、パレットナイフと回転台を動かしながら全体に塗り広げる。

3

パレットナイフの先端を中心に当て、回転台をまわして上部全体を平らにする。

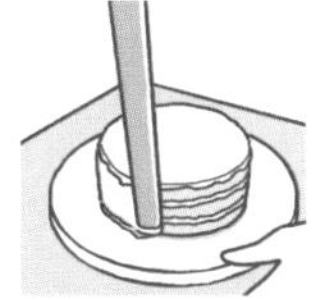
パレットナイフでクリームを取りながら、側面を塗る。ナイフを大きく動かすと早く塗ることができる。

5
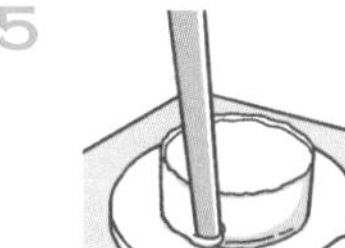
パレットナイフの角度を固定して、回転台を時計回りにまわしながら、側面全体にクリームを塗る。

パレットナイフを水平に持ち、回転台を回しながら、上面のふちにはみ出たクリームを削るように上面に塗り広げる。

本塗り

本塗りするクリームは「七分立て」という、泡立て器を持ち上げるととろっと落ちる硬さに泡立てたクリームを使う。

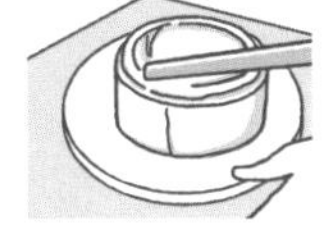
七分立てのクリームを上面にのせ、パレットナイフと回転台を動かしながら平らにする。

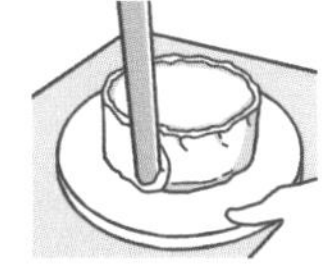
七分立てクリームで、下塗りの4、5、6の動きを繰り返して、上面と側面をキレイに塗っていく。

9

回転台とケーキの接着面にパレットナイフを当て、回転台を反時計回りにまわし、設置面のクリームを取って、完成。

PART 2

08 デコレーションテクニックとは?

味だけでなく見た目でも楽しめる技を磨く

洋菓子はおいしさだけでなく見た目の美しさも大切です。キレイなケーキを見ると、癒されるという人も多く、見た目のインパクトはとても重要です。

お菓子には、昔から見た目を向上させるための「飾り菓子」のテクニックがあります。身近な例では、誕生日ケーキの上にのせるバースデープレート。チョコレートで名前やメッセージを書くのは「パイピング」というテクニックのひとつです。

ほかにも、クリスマスケーキにのっているサンタクロースは「マジパン」というアーモンドと粉砂糖で作られたお菓子で、ヨーロッパではマジパンをスイーツとして食べますが、日本では主にケーキのデコレーション用に作られます。

また、飴を使って花や人形などの造形物を作る「飴細工」も製菓技術のひとつです。食べることを目的としない鑑賞のための展示品として制作されることが多く、その仕上がりはまるで芸術作品のようです。

POINT

果物でデコレーションするときのコツ

ケーキのデコレーションで、みかんやいちご、桃など果物を並べるときは、クリームが流れ落ちないように必ず水気を切ること。並べ方は対角線を意識して、同じ大きさのものを並べると、キレイに見えます。

パティシエの腕の見せどころ

パイピング

絞り袋の中に溶かしたチョコレートを入れてペンのように持ち、文字を書くテクニック。キレイな文字を書くためには、根気強い練習が必要。上達のために「1日15分」など時間を決めてのトレーニングがおすすめ。

左利きの場合、書いたチョコレートが手についてしまうことも！
そのため、左利きの人は右から文字を書く練習をしたり、
右手でパイピングの練習をしたり、工夫をしているよ。

マジパン

アーモンドプードルと粉砂糖、卵白を練り合わせた生地に色を付けてパーツを作り、組み合わせることで、花やキャラクターなどを完成させる方法。マジパンのコンテストも開催されている。

マジパンは乾燥するとポロポロとくずれるから、
着色したら、ラップに包んで乾燥を防ぐことがポイント！

飴細工

飴で花や人形を作る細工菓子。引っぱったり、息を吹きかけて膨らましたり、平らなシート状の飴を作ったり、パーツを組み合わせて作り上げる、食べることよりも芸術性を重視した美術作品。

飴細工は精巧な形はもちろん、なんと言っても魅力はツヤ！
みんな納得のいく美しいツヤをだすために、努力しているんだ。

PART2

09 和菓子作りを覚えよう

和菓子の知識習得で洋菓子作りをアップデート

洋菓子職人のパティシエが、現場で和菓子を作ることはほとんどありません。しかし、**洋菓子とはまったく違う材料や製法で作る和菓子について学ぶことで、日本人の好みに合わせたメニューの開発に役立てることができます**。多くのパティシエの専門学校で、和菓子実習を取り入れているのはそのためです。

和菓子と洋菓子の違いは材料や製法だけではありません。洋菓子は華やかなデコレーションが特徴ですが、和菓子は春はうぐいすや桜、端午の節句には柏の葉を用いるなど、シンプルななかにも四季を感じられる美しさがあります。また、ミキサーで混ぜる、オーブンで焼くなど、家電を使って効率よく作る洋菓子に比べて、和菓子は練ったり成形したりといった、職人の手作業による工程が多いのも特徴です。

このように、和菓子、洋菓子の両方を学ぶことで、自由な発想と創造力が養われ、新しい洋菓子作りのヒントを得ることができます。

POINT

じつは意外と多い和洋折衷菓子

これまでチョコレートやキャラメルを使って和菓子を作ることはよくありましたが、最近は、ピスタチオ、ベリー、チーズなど、女性に人気の洋菓子食材を使った和菓子が話題になっています。

和菓子のことをもっと知ろう！

和菓子は3つに分類される

食品衛生法において、和菓子は水分が30％以上の和菓子を生菓子、水分が10～30％を半生菓子、水分が10％以下を干菓子と分けられている。

生菓子

おはぎ、ういろう、どらやき、桜餅、ようかん、きんつば、あんドーナツなど、よく知られている和菓子の大半は「生菓子」に分類される。それぞれ蒸したり焼いたり揚げたりと、製法はさまざま。

半生菓子

生菓子よりも水分量が少ないので日持ちがするように作られている。よく知られているのが、もなか。もち米を薄くのばした生地を型に入れて焼いた皮に、あんこをはさんだもの。贈り物に人気のお菓子。

干菓子

水分が少なく日持ちのよい干菓子の代表といえば落雁。落雁はでんぷんの粉に水飴と砂糖を入れて固めたもの。季節ごとに決まった形があり、お盆やお正月などの行事ごとに作られる。

PART2

10

パン作りを覚えよう

を広げることができます。ホテルならデザート部門だけでなく、パン部門の担当を引き受けることもできます。パティシエが作ったパンが人気というパティスリーもあります。

パンは食パンやロールパンなどの食事パンから、デニッシュやクリームパンなどの菓子パンまでいろいろな種類がありますが、それぞれ生地の仕込み、発酵・熟成、型作りなどの工程が異なります。

ちなみに、洋菓子職人をパティシエと呼ぶのに対し、パン職人を「ブーランジェ」と呼びます。

パンも作れるパティシエは将来の選択肢が広がる

製菓衛生師の国家資格は筆記試験のみですが、和菓子や製パンの知識も試験範囲に入っています。そのため専門学校では、和菓子実習のほかに、パン作りの実習を設けているところが多いです。

パン作りの知識と技術は、将来カフェを開業したい人や、ホテルや結婚式場で働くときにも役立ちます。

たとえば、カフェならお菓子だけでなくパンも提供することで、客層

POINT

パティシエ限定のパン職人の求人も

こだわりのパンが人気の高級食パン専門店などでは、パティシエ経験者にしぼったパン職人の求人も増えています。洋菓子とパンは、以前よりずっと密接な関係にあるのです。

パンに必要な材料の基礎知識

小麦粉

パン作りに欠かせないのが小麦粉。特にグルテン量が多い強力粉が主に使われていて、水や酵母と合わせることで大きく膨らむ。小麦粉の種類で膨らむ加減が違うので、組み合わせによって、さまざまなパンを作ることができる。

パン酵母

パン酵母はイーストと呼ばれ、パンの「よい香り」と「ふわふわ食感」は酵母で決まる。パンの酵母は自然界に存在する酵母菌を培養して作られたもので、「生酵母」と「ドライイースト」があり、食料品店などでも売られているが、自分で作ることもできる。

水

パン作りでは水も大切な材料。水には「硬度」があり、硬度が高い水はマグネシウムとカルシウムが多く含まれていて、グルテンの結びつきを強くするため、フランスパンなどのハードパンに適している。一方、軟水は菓子パン作りに向いている。

塩

パンにほどよい塩味を効かせる塩。塩は甘さを引き立てる役割もあるので、甘いパンにも必ず塩は入っている。また、塩が入ることでパンが腐りにくくなったり、雑菌が入るのを予防する効果もある。パンに向いている塩として、フランス産の「ゲランドの塩」が人気。

製パンだけの学校もある

パン作りも学べるパティシエの学校以外に、製パンだけを学ぶ学校もある。製パンの専門学校では専門的なパン作りの習得や、ベーカリーカフェで働くために必要なマナー講習があるところも。また、カフェ科と製パンを合わせたコースを設置しているところもある。

11 レシピを考えるセンスを磨く

センスを磨くことでより美しい洋菓子を作りだす

宝石のようなスイーツを作りだすパティシエは、職人でありながらアーティスト、クリエイターでもあります。キレイでおいしいケーキやデザートを開発するには見た目の「センス」も重要です。

専門学校によっては、ケーキのデザインを考えるときに描くデッサンの授業もあるようです。デッサン力があれば、オリジナルスイーツやウエディングケーキを提案するときに、イラストでわかりやすく示すことができます。

また、街のパティスリーでは「誕生日ケーキに似顔絵を描いてほしい」と依頼されることもあるので、絵心があればお客さんにも喜んでもらえるサービスが可能になります。

カラーコーディネートや色彩学も洋菓子作りの強い味方になります。色の持つ意味や配色の組み合わせを学ぶことで、お菓子やデザートのデザインだけでなく、商品を魅力的に知識を見せる陳列方法に活かすことができます。

Question

絵心がないのですが、パティシエになれますか？

絵を描くのが苦手でもパティシエにはなれます。その分、たくさんの洋菓子を食べて味の研究をしたり、デコレーションの練習を繰り返しましょう。キレイなケーキの写真や絵画などを見て感性を磨くことも忘れずに！

興味の幅を広げよう

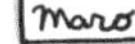

美術館に行く

たくさんの名画を見ることで、色彩感覚と表現法を学べる。また、美術館にはカフェが併設されていることが多く、催し物に合わせた限定スイーツやドリンクを提供していることもあるので、勉強になること間違いなし！

音楽を聴く

自分の好きなアーティストだけでなく、ジャンルにこだわらずに音楽を幅広く聴いてみよう。五感が刺激され、「この音楽にはどんなスイーツが合うのかな」と想像するだけでも勉強になる。

散歩をする

朝、昼、晩に季節を感じながら近所を散歩してみよう。空の色の変化や風の感覚、気温を感じてぴったりなお菓子を想像したり、街の雰囲気に合ったデコレーションがひらめくかも。

ZOOM IN!

意外なところに開発のヒントが！

趣味がセンスを磨く助けになることも。たとえば、ファッションが好きな人は、洋服の生地からお菓子のテクスチャーを思いつくかもしれない。特に趣味がないという人でも、街の草花や風景に目を向けるだけでもデザインのヒントに出会えるかもしれない。とにかくなんにでも興味を持って、観察することから始めよう！

講師
インタビュー

専門学校で講師を務めるプロの声を大調査！

酒井久義先生（さかい ひさよし）

東京ベルエポック製菓調理専門学校製菓調理学部エキスパートリーダー。調理師専門学校を卒業後、ホテルの製菓部門に勤務。パティシエとして都内有名ホテルや会員制ホテルのパティスリーで経験を積んだ後、独立開業。パティシエとして多くの業態で経験をし、現在は実績を活かして学生指導・カリキュラム構築を担当。

パティシエの仕事のやりがいは？

Answer

お客さんが喜んでくれるのが一番のやりがいです。たとえば、ウエディングケーキを作るときには新郎新婦とケーキの打ち合わせをしたり、希望のケーキを絵に描いてきて「これを再現できますか?」と提案されることもあります。当日、実際にお二人の理想のケーキを作って、感謝の言葉や手紙をいただくと「本当に作ってよかった」と思います。またバースデーケーキを作ることも多いのですが、ケーキを作りながら、「今日の夜はみんながワイワイこのケーキを囲んで楽しんでくれるんだな」と想像すると、なんだか幸せな気持ちになります。パティシエにとってケーキ作りは日々の「仕事」ですが、お客さんにとっては、一生に一度、一年に一度の特別なものです。また、記念日以外でも、お菓子やケーキを食べるとき、人は自然と笑顔になります。幸せで温かいシーンに、自分が作ったケーキが脇役としてでも立ち会えることはすごくうれしいです。

新人パティシエの仕事内容は？

Answer

働く環境によってさまざまですが、新人はケーキなどの生菓子はさわらせてもらえない現場が多いかなと思います。クリームなどのデリケートな材料は、少しでも失敗すると大きなロスにつながってしまいます。たとえば、生クリームは不可逆性なものなので、ちょうどよい加減で混ぜるのをやめないとバターになってしまい、もとの状態に戻せません。そのあたりの見極めを新人が担当するのはリスキーです。また、生菓子作りは作業スピードの速さも重要です。現場では大量のケーキを作りますが、最初に作るケーキと、最後に作る100個目のケーキには、まったく同じ仕上がりを求められます。ゆっくり作っているとクリームやチョコレートがどんどん劣化してしまったり、室温で状態が変わってしまうため、テキパキ作れる熟練者が担当することが多いです。

パティシエに向いているのはどんな人？

お菓子やケーキが好きな人です。食べることが好きな人は、おいしいものを作ることに情熱を注いで、「どうしたらもっとおいしく作れるかな」と探求することができます。それから細かい単調な作業が続くので、飽きっぽい人は「大変！」と感じることがあるかもしれません。技術的なことは経験を積めば誰でも成長できるので、「お菓子作りの経験や、料理が得意じゃないとなれない」ということはありません。

人気の就職先にはどんなところがありますか？

最近は「ホテルで働きたい」という人が多いです。福利厚生が充実していて、労働時間がしっかり管理されている環境が人気の秘訣のようです。ホテルのパティシエ職は一般公募ではなく、パティシエ専門学校にだけ求人をだしていることも多いので、ホテルで働きたい人にとって専門学校は、就職に有効な手段になるかと思います。「海外のお店で働きたい」という、留学希望者は年々減りつつある傾向にあります。パティシエが人気の職業になってきて、1～2年海外勤務経験を積んできても、日本の就職先がなかなか見つからないというケースも多々あるようです。

専門学校に入学するメリットは？

製菓衛生師の受験資格が取得できることです。製菓衛生師は国家資格で、国内では130校前後が認可校になっています。専門学校を卒業しなくても2年間の実務経験があれば受験できますが、お菓子に関する法律、栄養学、衛生学などの専門分野を働きながら勉強するのはかなり大変なので、資格を取得したい人は、ほとんど専門学校に入学します。

料理未経験でも専門学校に入学できますか？

1年次の最初の授業で道具の持ち方や、作業台の拭き方、ガスのつけ方など基本的なことから勉強しますので安心してください。パティシエの専門学校はお菓子作りが好きな子が集まってくるイメージがありますが、実際は料理未経験者も多いです。ゼロから始めても、授業と自主練習でできることが増えますから、社会に通用するパティシエを目指せます。

専門学校に通う先輩のリアルな声を大調査

学生インタビュー

納富幸太郎(のうどみこうたろう)さん

東京都出身。
東京ベルエポック専門学校
パティシエ科2年生。

在学中に印象的だったことは?

「ジャパンケーキショー」というお菓子の祭典のコンテストに学校の代表として出場することになり、マジパン部門で銀賞を取得したことです。練習中は自分が思ったような作品が作れずに弱音を吐きたくなることも多かったんですが、一緒にチャレンジしたクラスメイトのストイックで前向きな姿勢に支えられて、最後までやり遂げることができました。国家試験の勉強と就職活動とコンテストを同時進行でやっていたので、ゆっくり過ごす時間がないくらい忙しかったですが、かけがえのない経験になりました。

将来の夢は?

2年間、ひたすらお菓子作りの練習をしてきた努力が実り、希望していたホテルで働くことが決まりました。将来は製菓長などの責任あるポジションを目指していきたいと思っています。また、個人的には飴細工やチョコレート細工の技術を磨き、今後もコンテストで賞を取っていけるようなパティシエになりたいです。

専門学校はどのように決めましたか?

いくつかパティシエ専門学校のオープンキャンパスに参加して比較検討しました。そのなかから、「誰もが知っているような一流のホテルで働きたい」という自分の夢に近づけるよう、ホテルへの就職率が高い学校を選びました。

授業で苦労したことはありますか?

左利きなので、先生の手本どおりに作業を進められなくて苦労しました。クリームを塗るためにケーキを回転させるのも逆回転になるので、試行錯誤が必要でした。チョコペンでキレイにメッセージを書くために、右手で字を書く練習もしました。時間さえあれば、ノートに右手で「お誕生日おめでとう」とひたすら書いていました。

入学前からやっていたことはありますか?

甘いものがすごく好きだったので、小さい頃から趣味で手作りのお菓子を作っていました。

PART 3

パティシエになるために今、できること

パティシエに
必要なこと
聡さん
涼くんにだけ
〝素質がある〟って
言ってたな…
作るのが
楽しくても
結局は
繊細な味が
わかる人
じゃないと
パティシエに
向かない
のかな…
織部さん
ちょっといい？
家庭科室

この間は
ごめんなさい

彼が
結崎くんに
〝素質がある〟
なんて
言ったから
気にしてるんじゃ
ないかって…

ギク

…私
スイーツ作りは
好きだけど

涼くんみたいに

ひと口食べただけで
作った人の
こだわりとか
隠し味とか

全然
気がつかなくて…

落ち込んじゃったの
態度に出てたら
すみません…
せっかくよんで
もらったのに…

ズーン

やっぱり…

彼はね
〝ケーキを食べるのが好き〟ということも
パティシエには大切な要素だっていつも言ってて…
結崎くんがあまりにも楽しそうに食べてくれるから
〝素質がある〟って言ったみたいなの
そうだったんだ…
でも目の前でそう言われるとパティシエを目指してる織部さんとしては気にしちゃうよね
言葉たらずでごめんなさいね
あっ…いえ…！
それでこれ

彼からのお詫びの品
enjoy!
まだ試作みたいだけど食べてくれる？
織部さんも純粋に食べることを楽しめばいいのよ
…！
はいっ

01 洋菓子の食べ歩きをしよう

食べ歩きで得た情報は財産 アイデアの引きだしに！

パティシエになるための勉強は、栄養学を学んだり、作り方の技術を磨くだけではありません。**たくさんのスイーツを食べて味覚を鍛えることも大切な勉強のひとつです**。大いに食べ歩きしましょう。

ただし、お店に行って「食べた」「おいしかった」だけでは勉強になりません。食べ歩くにも準備が必要です。

事前にしっかりリサーチをして、まずは人気の老舗店から始めましょう。お客さんから愛され続ける商品の味や材料を自分なりに分析して専用のノートに書き留め、「大勢の人が求めている味」を調べます。

次に、話題のお店や人気カフェにも足を運んでみましょう。話題になるということは、ほかの店との差別化や、独自のアイデアなど、秀でているなにかがあります。**味や形だけでなく、お店の雰囲気、客層、立地条件なども含めて分析することで、「今の流行りの傾向」が見えてくるはずです。**

POINT

食べ歩くときのコツ

食べ歩きは、❶定番ケーキ❷人気のケーキ❸旬のフルーツケーキ❹シェフのおすすめ、の4つをチェックしたいところですが、予算が少ないときは、❶と❷だけでもOK。必ず同じ条件で比較・分析することが大切です。

記録ノートを書いてみよう

事前に調べた情報やお店の特徴、客層など、基本情報をまとめる。

食べたお菓子は写真やイラストなどにして記録する。特にケーキの断面は、レシピ作りの参考にもなる。

パティスリー プリュム

11月24日(日) AM10時

お店の雰囲気

1998年創業のケーキ屋さん。カントリー風の建物がかわいい小さいお店。夕方にはほとんどの商品がいつも売り切れ状態に。開店の10時より少し前に到着したら3人のお客さんが待っていた。

選んだスイーツ

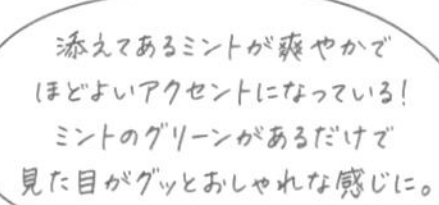

「濃厚レアチーズケーキ」(550円) 一番人気。酸味がなく、クリームチーズの風味が口いっぱいに広がる。濃厚だけど、チーズがあまり重く感じない。下に敷いてあるクッキーがとても香ばしくてよい香り!

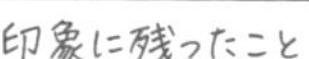
印象に残ったこと

パティシエ自ら、にこやかに接客してくれた。ケーキボックスに貼ってある要冷蔵シールが、手書き風。お店のロゴもあってかわいい。

読み返したときに味が思いだせるような表現で書く。材料もわかる範囲で記入しておくとよい。

商品のほかに気づいたことは、なんでも書く。

商品以外にも写真があるとなおGood。店内の写真を撮るときは、必ず店員さんの許可を得る。

ほかにも、お店のホームページやSNSをどのように活用しているかなども記録できたらさらに◎。

スイーツの知識を増やそう

世界のお菓子

世界中の国の食文化と歴史をリサーチすることで、
新たなお菓子を発見したり、レシピのヒントを得ることができます。

洋菓子といえばやっぱり！　フランス

フランス革命以後、それまで貴族が食べるものだったお菓子が市民に広まり、言わずと知れた洋菓子の聖地に。パティシエたちが作る芸術的なスイーツのほか、地方には家庭で作る伝統的なお菓子が今も伝わる。

マカロン

卵白、砂糖、アーモンドパウダーを使った焼き菓子。クリームやジャムがはさんであることが多い。

ミルフィーユ

パイ生地に生クリームやカスタードをはさんで重ねたお菓子。「1000枚の葉っぱ」という意味。

カヌレ

ワインで有名なボルドー地方の伝統菓子。バニラとラム酒の風味が豊かなもちもち生地で、外はカリカリに焼かれている。

エクレア

細くて長いシュー生地の中にクリームをはさみ、上からチョコレートなどをかける。

アフタヌーンティー発祥の地！ イギリス

アフタヌーンティーの文化は、19世紀のイギリスが発祥。象徴的な3段のアフタヌーンティースタンドは、せまいテーブルを有効活用するためのアイデア。下から順に食べていく。紅茶と一緒に楽しむ人が多い。

上段

カップケーキやミニケーキ、ミニタルトなどのデザート。

中段

スコーンはクロテッドクリームやジャムを塗って食べる。

下段

サンドイッチなどの塩気、辛味のある甘くないもの。

コーヒーに合うパンやデザートがたくさん イタリア

イタリアでは朝食に甘いパンとカプチーノ、食後はドルチェ（デザート）とエスプレッソが定番の組み合わせ。そのため、コーヒーにピッタリなパンや甘いお菓子がたくさんある。

マリトッツォ

イタリアで定番の朝食パン。パンの間にオレンジピールを練り込んだ生クリームをたっぷりはさむ。

ティラミス

マスカルポーネチーズと、エスプレッソ風味のビスコッティが層になっているケーキ。世界中で食べられている。

ジェラート

イタリア人のソウルフードと呼ばれている。ピスタチオ味や、チョコレート味が人気。

長い歴史の中で生まれた多彩な食文化　中国

「点心」は中国語で間食、軽食の総称で、点心を食べながら中国茶を飲むことを「飲茶」と呼び、おやつタイムを楽しむ文化がある。小籠包や餃子などのおかず系のものと、桃包やゴマだんごなどのデザート系のものがある。

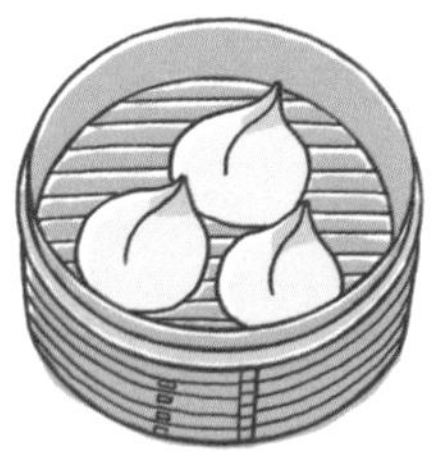

桃包

桃の形の白あんが入ったおまんじゅう。

ゴマだんご

こしあんを白玉粉の生地で包み、ゴマをまぶして揚げたもの。

杏仁豆腐

あんずの種の中身をつぶし、寒天で固めたもの。クコの実をのせる。

簡単においしくがモットー！　アメリカ

アメリカでは混ぜて冷やすだけのゼリーキットや、混ぜて焼くだけのケーキミックスなどの市販品を使って、家庭でお菓子を作ることが多い。手早く、おいしいお菓子が作れる商品がたくさん販売されている。

ドーナツ

19世紀半ば、リング状穴あきドーナツがアメリカで誕生。その後、世界中に広まったといわれている。

ブラウニー

チョコレートがしっとり濃厚なチョコレートケーキ。平たく焼いて四角にカットするのが一般的。

チョコチップクッキー

クッキー生地にチョコレートチップを加えて焼いたもの。家庭によって食感が異なる。

こんなの知ってる？　世界中の伝統菓子

全部食べてみたい！

オランダ

ストロープワッフル

ワッフルにキャラメルシロップをはさんだもの。湯気で温めて食べる。

スペイン

クレマカタラーナ

カスタードクリームの表面をパリパリに焼いたブリュレのようなもの。

タイ

カオニャオ・マムアン

ココナッツミルク風味の甘いもち米に、マンゴーを添えたデザート。

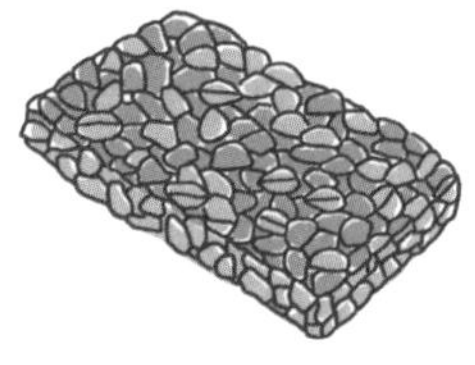

メキシコ

パランケタ

ローストされたカリカリピーナッツをキャラメルで固めたメキシコの伝統菓子。

ベトナム

チェー

豆やタピオカ、果物などの具材を合わせた、ベトナム風ぜんざい。温と冷がある。

エジプト

カターイフ

クレープ生地にナッツクリーム等を包んで揚げ、シロップに浸したもの。

スイーツの知識を深めよう

日本のお菓子の歴史

日本人は縄文時代から木の実で作った焼き菓子や、
お米を干したおせんべいのようなものを食べていました。
その後、砂糖や卵を使った西洋のお菓子が伝わり、
今では多様なスイーツを楽しめるようになりました。

外国から伝わったお菓子の歴史を中心に紹介

どんなお菓子やケーキが食べられてきた？

縄文時代

主に木の実や果物などを食べていた。長野県の遺跡からは、栗などをつぶした粉に卵や塩を加えて練ったクッキー風のお菓子が発見されている。

奈良・平安時代

中国大陸からお菓子と作り方が伝わる。唐から伝わったお菓子「唐果物（からくだもの）」は、米粉や小麦粉に水あめや蜜などで味付けされていた。

鎌倉時代

砂糖の輸入量が増えてお菓子に使われるようになる。お茶を楽しむ茶道が盛んになり、キレイで甘いお菓子が広まる。

室町時代

カラメル焼き

カステラ

コンペイトウ

カステラやカラメル焼き、コンペイトウなどの「南蛮菓子（なんばんがし）」が伝わる。このとき日本に伝わったカステラが、日本のケーキの歴史の始まり。「南蛮菓子」は貿易の拠点だった長崎から日本中へと伝わった。

江戸時代

江戸には羊羹(ようかん)やさくら餅、大福、もなかなどが作られ、庶民に身近なお菓子として広まる。幕末になると、キャンディやチョコレート、ビスケット、パンなどが日本に伝わる。

バターやミルクを使った洋菓子は、最初は日本人の口になじまなかったみたい。でも、輸入量が増えるにつれて、「このお菓子はどうやって作っているんだろう」と興味をもつ人が増えていったんだ！

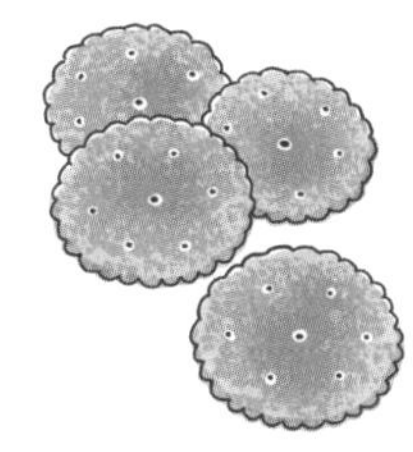

明治・大正時代

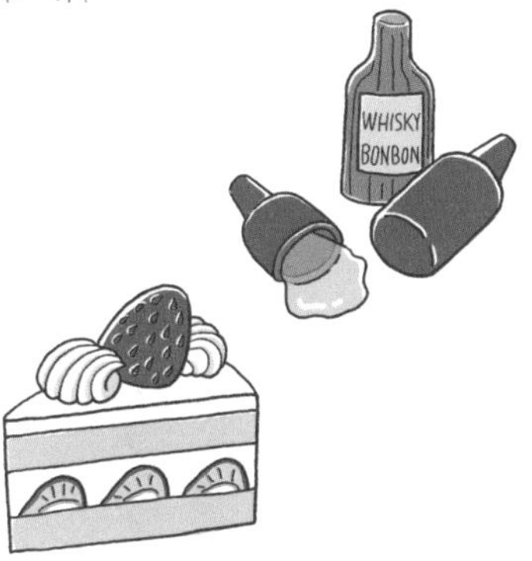

料理人や菓子職人たちが、ヨーロッパやアメリカに修行へ。この頃から、アメリカやフランスで技術を学んだ人たちによってケーキが発売されたり、西洋菓子店が東京でオープンしたりと、「南蛮菓子」から「西洋菓子」の時代へ。

昭和・平成・令和

戦後はお菓子やケーキが多様化。1980年代には、若手の洋菓子職人たちが次々と「パティスリー」をオープン。2000年代にはテレビ番組の影響もあり、日本でも洋菓子職人を「パティシエ」と呼ぶように。昭和、平成にはたくさんのスイーツブームがあり、それらは定番化していった。

ブームになった主なスイーツ

ティラミス	タピオカ	ナタデココ
生チョコ	生キャラメル	パンケーキ

02 フランス語を覚えよう

洋菓子作りの現場では
フランス語が飛び交う

洋菓子を学ぶうえでフランス語はかかせません。それは日本で求められる洋菓子の多くがフランスに起源があり、フランス流の工程で作られるからです。

製菓の現場では、道具名、材料名、工程、動作名など、フランス語が飛び交っています。そのため、パティシエの専門学校では、お菓子作りの実習授業をフランス語で行ったり、フランス語の授業を取り入れている学校もあります。**今からフランス語に少しずつ慣れておけば、苦労することなく、技術の習得に専念できるでしょう**。

まずはお菓子や料理に関係のある単語から覚えてみてください。チーズは「フロマージュ」、チョコレートは「ショコラ」、果物は「フリュイ」など、すでに聞き覚えがある単語も多いはずです。

本書の巻末にも「洋菓子にまつわるフランス語」を掲載しています。ぜひ活用して、フランス語への苦手意識をなくしておきましょう。

Q uestion
フランス語が話せないとパティシエになれないの？

A nswer
製菓に関する単語や簡単な意味が聞き取れる程度でOKです。ただし、フランス語を習得できれば、洋菓子の本場・フランスへの留学など、勉強と活躍のフィールドを広げることができます。

「混ぜる」の言葉だけでもこんなにある!

メランジェ(mélgamer)
一番スタンダードに使う「混ぜる」。

ヴァネ(vanner)
時々かき混ぜる。冷やすためにクリームやソースをかき混ぜること。

トラヴァイエ(travailler)
力を入れて泡立て器やヘラで材料を混ぜてこねること。

ルミュエ(remuer)
ヘラやスプーンを使ってかき混ぜること。

ブランシール(blanchir)
白くなるように混ぜる。卵黄に砂糖を入れて白っぽくなるまで混ぜること。

バットル(battre)
泡立て器を使って、空気を含ませながら混ぜること。

モンテ(monter)
クリームや卵白を混ぜて、泡立てるときに使う。

そのほか、洋菓子作りに必要なフランス語は巻末にまとめたよ!

フランス語のレシピで大慌て!

私が通う専門学校では、洋菓子を作る授業はフランス語でレシピが書かれた紙が配られて、それをもとに勉強するスタイルだったので、はじめは「次になにを入れるのかわからない!」と動揺しまくりでした。入学当初は日本語訳も併記されていましたが、授業が進んでいくとフランス語だけで表記されるようになり……。あらかじめ基本の単語を覚えておくと、授業のときにあせらずにすむかもしれません。

PART3

03 スイーツを作ってみよう

好きなスイーツを作って家族や友人にふるまおう

パティシエになるための第一歩を早く踏みだしたいという人は、お菓子作りにチャレンジしてみましょう。作るものは、自分が好きなスイーツでOKですが、一般的で簡単な作り方が書いてある書籍などを見て、レシピどおりに作ることから始めてください。**必ず材料を正確に計って作ること。それを繰り返すことで「なにをどれくらい入れたらどんな味になるのか」など、味の感覚もつかめるようになります**。

また、プロの現場では衛生管理も重要です。身だしなみを整え、異物が混入しないよう気をつけることはもちろん、調理器具や食器を丁寧に扱い、常にキッチンを清潔な状態に保ち、自宅の調理でも衛生面に気を配りながら取り組みましょう。

完成したスイーツは、写真と一緒に記録しておくと振り返りやすくなります。家族や友人に食べてもらって感想を聞くことで、「作ったものを食べてもらう」喜びが実感できるはずです。

Question 自宅でもコックコートを着たほうがいいの？

Answer 自宅でコックコートを着る必要はありませんが、清潔なエプロンは必ず着用しましょう。服を汚さないためだけでなく、服の汚れが食品に付くのを避けるためです。毛糸が飛散するセーター類の着用も気をつけましょう。

パティシエに必要な「意識」

正確に計る

分量を正確に計って作らないと、生地がうまく膨らまなかったり固まらないなど、失敗の原因になることも。どんなときでも、はかりや計量カップ、計量スプーンを使って正確に分量を計ろう。

材料費を考える

「失敗は成功のもと」だから、どんどんチャレンジすることは大切。しかし、将来、お店を持ちたいと考えているなら、材料費にも気を配れると、商品の価格を考える練習にもなる。

衛生面に気をつける

パティシエが常に意識しているのが衛生管理。調理を始める前の手洗いはもちろん、調理台のこまめな掃除は必須。食器や道具も洗い残しなく、いつでも清潔にしておくことが大切。

盛り付けにもこだわりを

スイーツをステキに盛り付けたら、写真を撮って記録しておこう。どんな感じに盛り付けたらおいしそうに見えるのか、自分なりのセンスを発揮するためにも、本を読んだりSNSを見て、情報収集をして考えることが大切。

パティシエの常識

正しい手の洗い方を覚えよう

入学前の予習として、手洗い動画をウェブサイトにアップした専門学校もあるほど、
パティシエにとって衛生管理は基本中のキホン。
プロは1分間以上、手を洗いますが、正しい洗い方を習慣化させておきましょう。

爪は短く切り、指輪などの
アクセサリーは、はずしてね。

1

手の汚れを流水で流す。せっけん液を付け、手のひらをすり合わせてよく泡立てる。

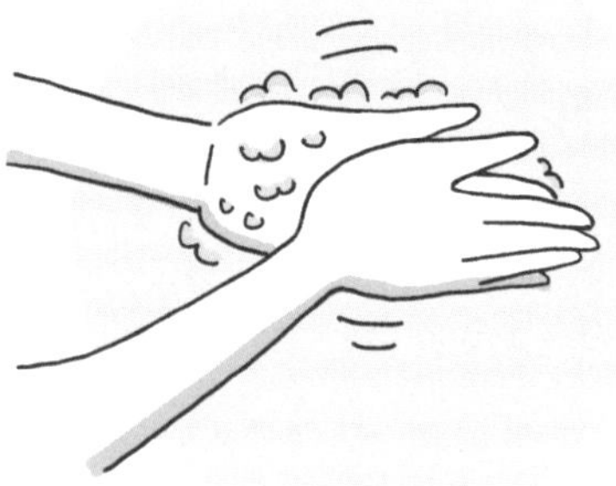

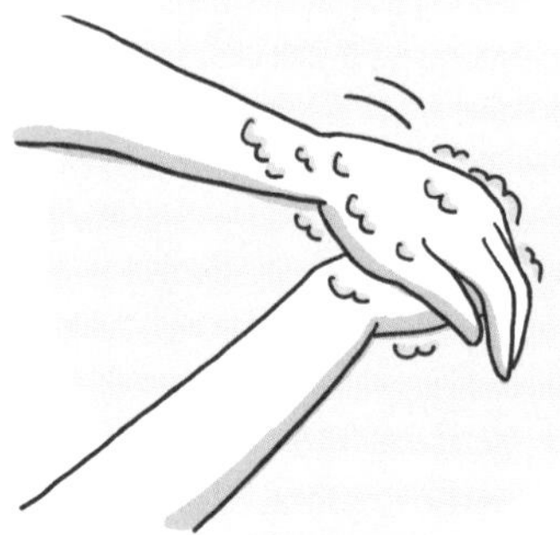

2

手のひらで、反対の手の甲全体をすり合わせて洗う。

10秒

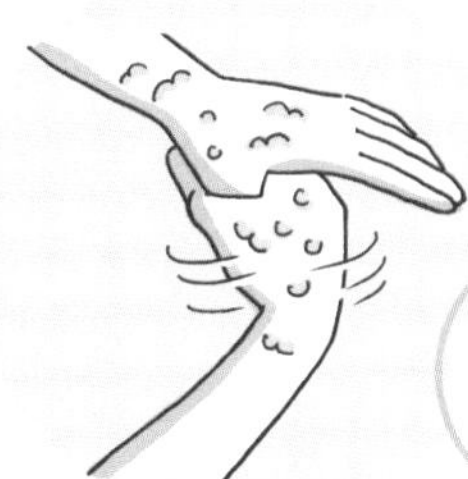

指は
親指から
洗うのね

3 反対の手の親指をつかみ、親指のまわりを洗う。

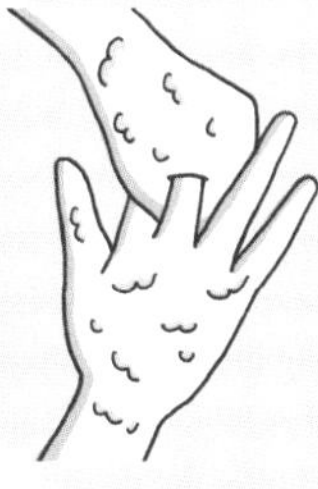

2往復
くらいかな

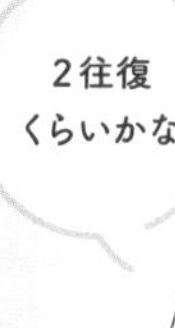

4 反対の手の指を1本ずつつかみ、根元から指先に向けて洗う。

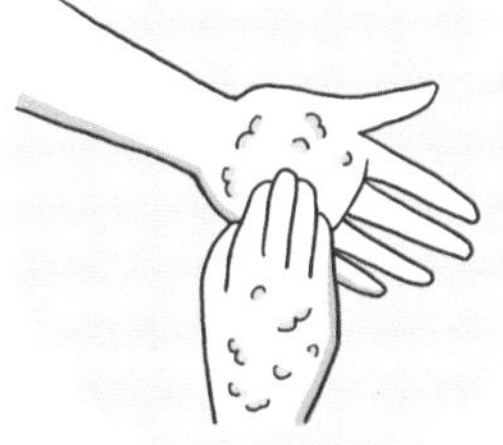

5 反対の手のひらの上で爪を立てて、くるくると円を描くようにひっかいて爪先を洗う。

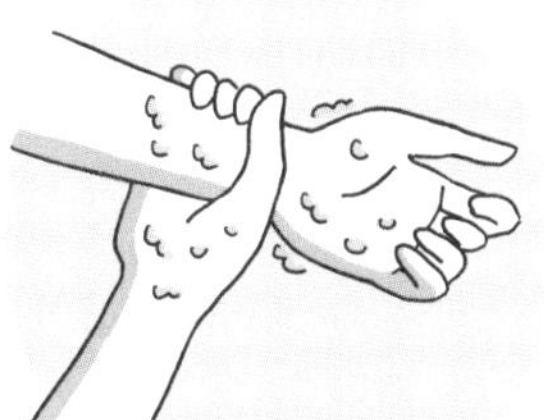

6 手首までよく洗う。

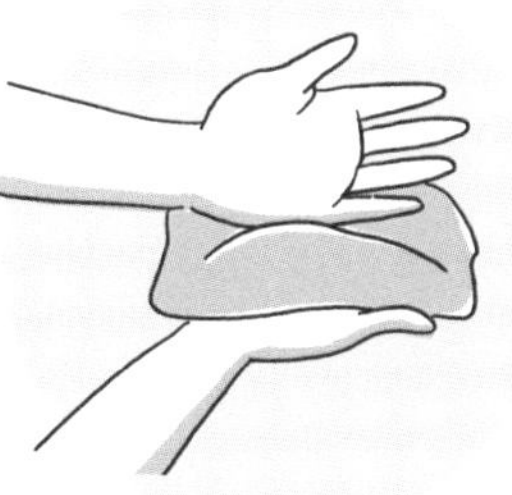

7 流水でせっけんをよく洗い流し、タオルやペーパータオルで拭く。

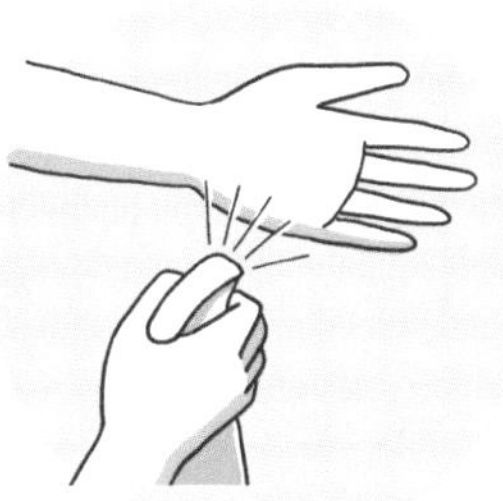

8 アルコール消毒液を吹きかける。

PART3

04 「おいしい」味覚を鍛えよう

おいしいものを作るために味や香りに敏感になろう

スイーツは、「おいしい」ことがなによりも大切。**このおいしさは、甘味、酸味、塩味、苦味などが複雑にまじわって作りだされます。**「お菓子は甘いからおいしい」と思うかもしれませんが、たとえばチョコレートにはテオブロミンという苦味成分が入っていて、この風味がアクセントになって、チョコレートのおいしさを引き立てています。

食材を組み合わせてスイーツを作るパティシエは、こうした味覚に敏感である必要があります。

そのためにも、日頃から調味料を控えた薄味の食事を心がけ、食材が持つおいしさの成分を味わいながら食べることで味覚を鍛えることをおすすめします。

また、人間は味だけでなく、香りでもおいしさを感じます。バニラや柑橘系の香料を加えるのはそのためですが、味だけでなく、口に含んだときに鼻に抜ける香りも感じて、「おいしさ」センサーがよりいっそう磨かれる食べ方を意識しましょう。

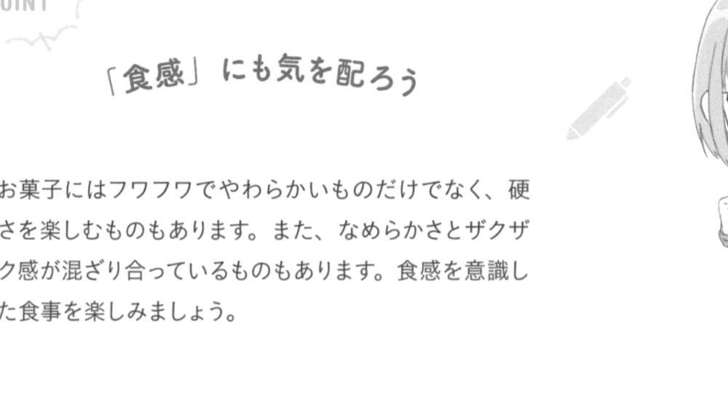

POINT

「食感」にも気を配ろう

お菓子にはフワフワでやわらかいものだけでなく、硬さを楽しむものもあります。また、なめらかさとザクザク感が混ざり合っているものもあります。食感を意識した食事を楽しみましょう。

「どんな味」かを考えながら食事をしよう

たくさんある味覚の種類

甘味（かんみ）

甘味の代表は砂糖。ほかに、はちみつ、黒みつ、メイプルシロップ、果物などで演出することも。

酸味（さんみ）

さわやかさの演出に使用することが多い。ビネガー以外に柑橘系果物や梅などを使うこともある。

渋味（しぶみ）

西洋梨、ワイン、コーヒーなどに含まれていて、スイーツに使うことで大人好みの味わいになる。

塩味（えんみ）

塩味のお菓子といえば、クラッカーやチップス。パンやスイーツに塩を加えておいしくすることも。

砂糖に少し塩味を加えると、
甘味が増して濃厚になったり、
砂糖に酸味を加えると
甘味も酸味も
控えめになったりするよ。
組み合わせ次第で
いろいろな効果が出るんだ！

辛味（からみ）

シナモンなどのスパイスで辛味を出したり、唐辛子やしょうがで味を引きしめて食欲増進の効果も。

苦味（にがみ）

苦味の代表格といえばチョコレート。甘味との相性がよいが、苦味が強いと、子どもには嫌われる傾向に。

旨味（うまみ）

料理では昆布やきのこが定番。でも、洋菓子の旨味やコクは、卵や牛乳、バターやヨーグルトなどで引き出すことが多い。

お菓子を食べると人は幸せになれる！

人は「甘味」を感じると、脳内にエンドルフィンやセロトニンという物質が出ていることが科学的に証明されている。この物質は別名「幸せホルモン」とも呼ばれ、これが脳内から出ると幸福感でいっぱいに！　お菓子を食べながら怒っている人がいないのは、この幸せホルモンのおかげかも。

05 季節のフルーツを覚えよう

フルーツの旬や産地を知って お菓子作りに役立てよう

フルーツは、スイーツの原材料としてよく使用されています。**青果店に行くとさまざまな種類のフルーツが並んでいるので、季節を問わずに食べられるものが多いですが、フルーツには本来、旬の時期があります。**

季節を感じられる旬のフルーツを使ったスイーツは、お客さんからも「これが食べられる季節が来た！」と喜んでもらいやすく、期間限定商品として話題にもなることも多いです。なにより、おいしいのはもちろんですが、出回る量が多くなり、価格も安くなるので、旬を意識してメニューに取り入れているパティシエがほとんどです。レシピの開発にも役立つので、フルーツの旬がいつなのかは覚えておきましょう。

また、**フルーツの産地にこだわったスイーツを作る方法もあります。**たとえば特産品のフルーツを使ったメニューを開発したり、近隣の農家から直接仕入れて地元の活性化を促すことで、地産地消の推進に貢献することができます。

Q uestion

プロのパティシエは缶詰のフルーツは使わないの？

A nswer

使いたいフルーツが季節はずれだったり、新鮮なフルーツが手に入らないときに、缶詰を使うことはもちろんあります。また、缶詰は一定の品質が保たれているので、あえて定番メニューに使っているというお店もあります。

フルーツの旬と代表的なスイーツ

フルーツを使う代表的なスイーツとフルーツの旬を覚えましょう！

フルーツ名	旬の時期
オレンジ	2～3月
いちご	3～5月
メロン	5～6月
さくらんぼ	6～7月
あんず	6～7月
桃	7～8月
ぶどう	8～9月
梨	9月
栗	9～10月
洋梨	11月
りんご	10～1月
みかん	12～2月

タルト

どんなフルーツでも使える。色バランスとフルーツのサイズをそろえるのがポイント。

パフェ

見ためのインパクトが強いパフェ。6月は桃、9月はシャインマスカットなど、旬に合わせてのせる材料を変えれば1年中楽しむことができる。

パイ

りんごや栗、洋なしなど、秋冬のフルーツとの相性がピッタリ。

ムース

夏に人気の商品。キウイやベリー系のジャムも使いやすい。

フルーツの加工も楽しもう

フルーツはフレッシュのまま使うだけでなく、砂糖と煮詰めてジャムにしたり、裏ごしをしてピューレ状にしたり、乾燥させてドライフルーツにしたりと、さまざまに加工が楽しめる。お菓子作りに慣れてきたら、加工品作りにもチャレンジしてみよう！

道具をそろえて お菓子作りに挑戦してみよう

「パティシエ」という職業に興味があるなら、初心者用のレシピ本を読んでスイーツ作りに挑戦してみるといいね。❶計量カップやはかり、❷ボウル、❸泡立て器、❹ヘラ、❺焼くための型、❻オーブン、❼ナイフがあれば簡単なものはたいてい作れるよ。

器具をそろえるときの、ポイントはありますか？

ボウルは2個あると便利だよ。直径が21cmのものと24cmくらいのものを用意するのがおすすめかな。たまに「大は小を兼ねる」といって大きいものを買う人がいるけれど、分量に対してボウルが大きすぎると、生地が混ざりにくかったり、泡立てにくくなるんだ。

型は、どれくらいのサイズを用意すればいいですか？

円形の型は15cmが使いやすいかな。ちなみに、お店でよく売れるホールケーキの大きさは12～15cm（3～5人分）だよ。

ケーキ用のナイフはどんなものを選ぶとよいですか？

ケーキを切り分けるときに使うナイフは、ステンレス製が一般的だよ。普通のナイフに比べて刃が薄いのが特徴なんだ。刃渡り30～35cmくらいの大きさが使いやすいと思うよ。刃にはストレートと波刃があって、ストレートはショートケーキやムースケーキなどやわらかいものに向いていて、細かい波がついた波刃はパイやタルトなどの崩れやすいケーキを切るのに向いてるよ。

お菓子作りの道具ってたくさんあるんですね！

作るお菓子の種類や大きさによって道具がたくさんあるからね。じつはプロでも、道具がない場合は手持ちの道具を工夫しながら代用して作っていることもあるんだ。最初から「たくさん道具を用意しなくてはいけない」って気負わずに始めてみてほしいな。

PART 4

パティシエとして開業を目指す人へ

今日は澤口先生と聡さんに招待されてイベントに来ました

わぁ〜っ ここが〝世界ショコラフェスタ〟かぁ…！

イベントに参加しよう！

自分には
素質がないんじゃ
ないかって
悩んだときもあったけど
やっぱり私
スイーツが好き
ザワ
ザワ
織部さん！
こっちよ！
カクタス
たたっ
澤口先生　聡さん
こんにちは！
カクタスの出店
おめでとう
ございます！
来てくれて
ありがとう
わぁ～っ！

エクレアに
チョコケーキ…
ブラウニーも
マカロンも
全部おいしそう！
これ全部
新作ですか⁉
展示会や催事の参加は
お店の宣伝になるし
たくさんの人に
食べてもらえるから
気合い入っちゃったよ
かっこいい
ぎゅっ…

私も将来
自分のスイーツを
たくさんの人に
食べてもらいたい…！
がんばるぞ…！
ところで
結崎くんは？
あれ!?
いない…
え!!
これも
試食っすか!?
イエ～ス
ベリベリ
デリシャス!!
はは
相変わらず
だね～！
涼くんって
いつも
楽しそうだな～

PART4

01

自分のお店を開業するには？

具体的な目標を決めて情報収集と貯金をスタート

パティシエとして、いつかは「自分のお店を持ちたい」と思っている人も多いはず。そこで、夢の実現のために、なにから始めればよいのかを紹介します。

まず店を開業するためには、おいしいケーキとお菓子が作れることはもちろんですが、安定した経営のための知識とノウハウが必要です。

開業には厨房の工事や内装、宣伝広告などの初期費用がかかります。

できれば「30歳までに店を持つ！」など、具体的な目標を決めて毎月の貯金額を設定したり、すでに開業している先輩パティシエに相談をして、少しずつ準備を進めましょう。

小さな店舗なら1人で開業することも可能ですが、その場合、スイーツを作る以外に、接客・販売などもこなさなくてはなりません。そのため1日に作れる商品の量には限りがあるので、パティシエ同士でタッグを組んで経営することもありますし、スタッフを雇って運営をしている店舗もあります。

POINT

開業に必要な資金は？

パティスリーの開業には、最低でも1,300万円はかかるといわれています。日本政策金融公庫など、信頼できる機関で融資を受けることもできますが、その場合は開業資金全体の3分の1程度の貯蓄が必要です。

夢の実現へ！ 開業までのロードマップ例

Step 1 現場で腕を磨きながら開業資金を貯める

開業資金を貯めるのと技術を磨く時間を考え、現場で10年以上働いてから独立する人が多い。

↓ 10年以上

Step 2 開業する業態をイメージしながら店舗を探す

立地条件のよい貸店舗はなかなか空きがでないので、1～2年かけて、あせらず気長に探すことが大切！

↓ 1～2年

Step 3 資金調達を考え、金融機関に融資を依頼する

有名ホテル・パティスリーで長年働いていた実績があれば、金融機関から融資を受けやすいといわれている。

↓ 融資の手続き

Step 4 内装・外装工事と並行して商品案を作る

内装と外装は賃貸契約後に工事を開始する。そのため、オープンより2～3カ月前から家賃が発生するのが一般的。

↓ 工事期間2～3カ月

Step 5 「食品衛生管理者」の資格を取得する

飲食を扱うオーナーに必要な資格。すでに「製菓衛生師」を取得していれば、申請だけで取得できる。

↓ 必要資格の用意

Step 6 店舗オープンの宣伝・広報活動をする

店舗オープン時にお客さんが集まるように、ターゲット層に合わせた広告宣伝やお店のホームページを準備する。

ZOOM IN!

変えられないのは「物件」

店内のインテリアは開店後でも変えることができるが、物件は借りてしまうとなかなか変更できないので、お菓子を「どんな人に」「どんなときに」購入してほしいかを考えて、店舗の場所は慎重に選ぼう。

PART4

02 商品の価格と原価を考えよう

材料費以外のコストも考えて価格を決める

お店のオープン後は、ケーキやパイ、チョコレート、クッキーなどのお菓子を作り、それを販売することで利益を得ます。

「自分が作ったスイーツは、できるだけたくさんの人に食べてほしいから、安く販売したい」と思っていても、利益がでなければ店を続けていくことはできません。経営を継続するには、商品に適切な価格を付けることが大切です。

まずスイーツを作るには、小麦粉や卵、牛乳、フルーツなどの原材料費がかかります。作った商品を包むアルミ箔や箱、シールやリボンなどの梱包材費も必要です。

また、電気やガス、水道などの光熱費や通信費、家賃などの固定費、パソコンなどの備品や文具などの消耗品費も考えなくてはいけませんし、社員やパートタイマー、そして自分を含めての人件費も必要です。

これらの資金をすべて支払いながら、経営が続けられるような定価を設定しなければなりません。

Question

洋菓子店は、どんな商品を作れば儲かるの？

Answer

生クリームを使ったケーキよりも、日持ちのする焼き菓子のほうが利益を上げやすいといわれています。お店の顔になるクッキーやパイ、パウンドケーキなどの人気定番焼き菓子があれば、経営は安定するでしょう。

洋菓子店の運営で毎月かかる費用

原材料

電気
ガス
水道

通信

梱包

家賃

広告

消耗品

給与

これらの費用をすべて合計して、この金額よりも売上が下回れば「赤字」になり、経営は苦しくなる。

原価を抑える4つの工夫

生クリーム、バター、小麦粉などよく使う材料の仕入れを、ムダが出ないように工夫する。

箱と袋の梱包材を決めてから、お店のケーキサイズを決めると梱包材が安くすむ。

無理のない経営ができる家賃の物件が出るまで、妥協しないであせらず待つ 。

業務用オーブンは節電タイプ、照明はLEDライトにする。不使用時の小物家電のコンセントはこまめに抜くなど、節電対策を行う。

フルーツや
香辛料には
こだわりたいから、
節電して電気代を
節約しているよ。

作ったケーキがすべて売れるとは限らない

多くの洋菓子店では、商品の3～5%は売れ残ると仮定して原材料費を計算している。特にケーキは何日も持ち越すことができないため、しっかり予測を立てながら商品の定価を決めなければならない。価格の決め方に自信がない人は、開業時に経営コンサルタントに相談するのもおすすめ。

PART4

03 SNSを上手に活用しよう

ビジュアルで勝負できるからSNSとの相性が抜群

お店の存在やどんな商品を提供しているのかを広く知ってもらうために、宣伝活動はとても重要です。広告や宣伝は、必ずターゲット（客層）を定めて行いましょう。

たとえば、お店をオープンするので新聞のチラシに広告をだすとします。この場合、ターゲットが地域の主婦・高齢層であれば、宣伝効果は認められますが、10代、20代の客層を狙っての宣伝だとしたらターゲットの目には入らず、宣伝の効果は低くなります。**もし、10代、20代の女性をターゲットにするのであれば、SNSを活用しましょう。特にビジュアルが美しい洋菓子は、写真や動画との相性が抜群。**公式ホームページを作らず、SNSのみで広告活動をしていたり、グルメサイトやデジタル広告を活用しているパティスリーもあります。

ひとつだけに依存するのはよくありませんが、ターゲットが必ず目にする媒体を常に意識していれば、宣伝効果は高まります。

POINT

最新事情には敏感に

現在、洋菓子の広告としてもっとも効果的な宣伝媒体はSNSといわれていますが、10年後にはそんな事情もきっと変わっているはず。それぞれのSNSの特徴を見極め、今、効果的に商品を紹介できる媒体はどれなのか、常に商品の広告戦略を考えましょう。

SNSで商品紹介するときのポイント

#（ハッシュタグ）の活用

SNSでは#（ハッシュタグ）での検索で発見してもらうことがもっとも効果的。人気のお店の投稿などを参考に「#シャインマスカットケーキ」など、探しやすいハッシュタグを研究しよう。

自分の情報もアップする

本来、SNSはインターネットを通じてさまざまな人と交流を図るのが目的のツール。どんな想いでその商品を作ったか、素材へのこだわりなどを自分の写真と一緒に投稿することで、その記事を読んだ人に自分を身近に感じてもらいやすくなる。

写真を研究する

SNSはなによりも写真が大切。おいしそうな写真はユーザーの「行ってみたい」「食べてみたい」気持ちを高めるので、角度や明るさ、背景などを工夫して「映える」商品写真を撮る工夫をしよう。

実店舗がないパティスリーも増えている

SNSなどで商品の告知をして、インターネットの予約フォームで注文を受け、商品を販売するお店も増えている。今後も「インターネット上だけにあるお店」のように、アイデア次第でさまざまな形態のお店がオープンするかも。

04 コンテストに出場してみよう

コンテストの入賞経験で宣伝・広告効果がアップ

パティシエは、日々、知識や技術を磨き続けている人が多く、開業後も常に発想力とテクニックに磨きをかけています。**開業パティシエにとって、国内外で開かれるコンテストやコンクールへの出場は努力の成果を試せる場であり、「○○コンテスト入賞」などの肩書が付くことで、店の宣伝効果もアップします。**ぜひチャレンジしてみましょう。

パティシエのコンテストの最高峰といえば、2年に1度、フランスのリヨンで開催される「クープ・デュ・モンド・ドゥ・ラ・パティスリー」です。全世界のトップパティシエが一堂に集い、2023年には、日本人チームが優勝しています。

国内では、若手でもチャンスが掴めるコンテストや、デコレーションケーキやショコラなど部門ごとに分かれている大会もあるので、自分が挑戦できる大会に参加してみましょう。入賞すればお店の価値が上がり、自分を店の強みとして打ちだすこともできます。

POINT

独立を目指すなら早めに挑戦！

将来的に独立・開業を考えているなら、学生のうちから入賞を目指してコンテストにチャレンジするのがおすすめ。独立前に入賞できれば、開店時にインパクトのあるキャッチコピーとして使えます。

パティシエのための国内おすすめコンテスト

西日本洋菓子コンテスト

「若手パティシエの晴れ舞台」として、1958年から開催されている伝統ある大会。当日はAクラス（経験年数制限なし）、Bクラス（経験年数6年未満）に分かれて技術を競うので、若手でも参加しやすいのが特徴。ほかにも、ピエスモンテ（飴細工）、チョコレート工芸菓子、バタークリームデコ、マジパンデコ、マジパン細工など、全9部門のコンテストに出品参加ができる。

全国洋菓子技術コンテスト大会

日本洋菓子協会連合会の主催で5年に1度行われるコンテスト。150分間で直径24cm（8号）のケーキの飾り付けを行う。美しさと技術力はもちろん、短時間で仕上げる段取り力と作業スピードも審査される。参加は各都道府県の洋菓子協会を経由して行われるため、協会への入会が必要。

このほか、毎年さまざまな企業や自治体、協会が主催するコンテストが開催されているよ。見逃さないようインターネットでチェック！

ZOOM IN!

コンテストへの出場はパティシエ仲間づくりにもつながる

同じ業界でがんばっている仲間を見ると「負けてられない」という気持ちと同時に、自分にたりないものと目標が見えてくるはず。今日はライバルでも同じ目標に向かっている者同士、明日にはよき仲間になっていることも。コンテストは、そんな刺激と出会いがある場でもある。

PART4

05 著作権・意匠権に気をつけよう

商品開発では著作権と意匠権に注意

開業したら、自分らしいオリジナル商品を開発・デザインしたいと思うもの。そこで気をつけなくてはいけないのが、著作権や意匠権です。

著作権とは、**たとえば、すでにあるキャラクターを、許可なくケーキに描いて販売した商品は、著作権の侵害になる可能性があります**。

一方、意匠権は、盛り付けやケーキデザインのオリジナル性を守る権利のことで、たとえば、誰にも思いつかないような独創的なビジュアルのスイーツを販売しているお店があり、その**商品が「意匠登録」されていた場合は、類似デザインのスイーツを販売するだけで意匠権の侵害になります**。

また、もともと料理のレシピに著作権はありませんが、「自分が前に勤めていた店舗の秘伝のレシピを無断で使用する」などの行為は、秘密を不正に流用したと見なされて、「不正競争防止法」の違反に問われる可能性があります。十分に気をつけましょう。

POINT

どんなキャラクターでも必ず許可が必要！

SNSなどを見ると、キャラクターをモチーフにしたスイーツを作っている人がいますが、それが販売目的の場合、著作権が発生します。キャラクターや人物のデザインをモチーフにした商品を作るときは、権利者に必ず許可を取る必要があります。

デザインで気をつけるポイント

著作権

商品に、現存するキャラクターやモチーフを入れて販売すると、著作権法に抵触する可能性があるので、お客さんから「ケーキにキャラクターを描いてほしい」と頼まれても、丁寧に説明して断ろう。

著作権、肖像権、パブリシティ権

プリントケーキに芸能人やキャラクターの写真を無断で使用して販売すると、著作権、肖像権のほか、パブリシティ権法にも抵触する可能性が。

意匠権

他社の商品と類似したものを販売すると、意匠権に抵触する可能性があるので、独創的なデザインの商品を参考にするときは、特に注意が必要。

誰でもどこでもSNSに商品写真をアップできる時代。「バレないだろう」と安易に考えていると、多額の損害賠償を請求される場合もあるから気をつけて！

ZOOM IN!

商品名にも注意！

自分が「ひらめいた！」と思っているオリジナルの商品名。しかし、すでに商標登録されていた場合その商品名は使えないので、商品名を考えるときは商標の検索できる特許庁のホームページ「特許情報プラットフォーム（J-PlatPat）」で確認をしよう。

PART 4 パティシエとして開業を目指す人へ

パティシエの開業事情

パティシエとして将来自分のお店を持ちたいと思っているなら、自分が思い描く理想に近い個人経営のお店で働くと、夢に向かってがんばるモチベーションが持続できるから、実力がつくのも早くなる！　僕は３店舗の個人経営店でそれぞれ４年ずつ、12年間働いてから独立したんだ。

自分のお店を持つ……、あこがれます！　聡さんはどうしてこの街で開業したのですか？

このあたりは昔から、中小企業がたくさん集まっているオフィス街なんだ。だから平日も人通りが多いし、商談へ行くときの手土産としてお菓子を購入してくれる人も多いだろうと予想したんだ。会社帰りに立ち寄ってくれる女性の常連さんも多いよ。おかげで忙しすぎるってわけではないけれど、経営は順調かな。

カクタスのスイーツは、働く人を応援しているんですね！

あはは！　僕のケーキで疲れを癒してもらえるならとてもうれしいな。開業場所の決め方、考え方は人によってそれぞれ違うよ。僕の友人には、「この地区で店を続けられたら一流として認められたも同然」という意気込みで、あえてスイーツ激戦区に開業した人もいるよ。また、無類のチョコレート好きの友人は、経営が難しいといわれている「チョコレート専門店」をどうしてもオープンさせたくて、売上が落ち込みがちな夏場でも採算がとれるよう、観光客が多い避暑地に出店したんだ。開業はスタートであってゴールではないから、自分の理想の働き方ができる場所を選ぶ必要があるね。

開業は「スタート」かぁ。聡さんの今後の目標はなんですか？

カクタスという名前を聞くだけで「老舗のケーキ屋」というイメージを持ってもらえるまで、続けていくことかな。また、お客さんから信頼されるお店に育てたいと思っているよ。そのためにできることは、毎日、とにかくおいしいケーキを作り続けることなんだけどね。

（かっこいいなぁ……！）

PART 5

カフェビジネスを始めよう

カクタスに呼んでいただいたのが高校2年生の秋頃で…あっという間でした

たくさん相談にのっていただいてありがとうございました

この高校からは私だけなので友達できるかが不安ですが…
あら？
でも確か…
あーっ
2人だけで食べてるなんてずるいぞ！
涼くん！
オレのはないのー？
においにつられてきたのに…
まだケーキあるから食べていいよ
やった！
ん…？そのパンフ
カフェ・パティシエ専門学校

オレも
その学校の
カフェ科に
進学するよ
もぐ
もぐ
え!?
オレ
スイーツ作りは
できないけど
食べるのは
すげー好き
だからさ
いつか
オレが認める
最高の一品を
最高の空間で
提供したいん
だよね
そのために
スイーツに合う
ドリンクを
勉強しようと
思ってるんだ
知らなかった

いい夢
だね…！
だろー？

ってか
このケーキの味
カクタスじゃ
ないいな…？
ドキ

しっかり甘いのに
後味は重くなくて
カクタスの爽やかさ
とは違う
サッパリとした味わい…
どこのケーキだ…？
クリームで
違いがわかるの…!?
すごい

そのケーキ
織部さんが
作ったのよ

あんまりおいしく
なかったかな…？
ドキ
ドキ
いや

これ すっげー うまいよ！
やっぱ柚葉は いいパティシエに なれるな！
ドキ…
あ
ありがとう…！
キーンコーンカーン…
もう下校時間だ

2人とも
夢に向かって
がんばってね
はい!

PART 5

01 カフェってなんだろう？

人気のカフェには「1人でも入りやすい」や「古民家で味わう和風のスイーツ」など、明確なコンセプトがあります。そのこだわりに沿ってドリンクやフードのメニューを考えたり、食器やインテリアをそろえたり、音楽を選んでいるから、お客さんは心地よさを感じ、繰り返し足を運びたくなるのです。

将来、自分のカフェをオープンしたいと思っている人は、カフェをめぐりながら「この店はどんなコンセプトなのか」を考えてみるとよいでしょう。

ドリンクのほかに癒しと休息を提供

おいしいコーヒーでリフレッシュしたい、落ち着く空間でくつろぎたい、疲れたから休憩したい……。そんな「癒し」や「休息」を提供する場所が、カフェです。

もともと「カフェ」はイタリア語でコーヒーという意味ですが、今ではコーヒーだけでなく、紅茶やソフトドリンク、お酒の提供や、スイーツや食事もおいしい店がたくさんあります。

「喫茶店」と「カフェ」ってなにが違うの？

A nswer

喫茶店は「喫茶店営業許可」、カフェは「飲食店営業許可」の申請が必要だったのですが、2021年に喫茶店営業許可が廃止されたことで、カフェと喫茶店の区別がなくなり、今ではイメージやコンセプトの違いしかありません。

カフェの業態と特徴

カフェレストラン

一般的なカフェよりも食事が充実している。カフェとレストランの中間的な立ち位置で、レストランよりも気軽に利用できる。

コーヒー専門店

コーヒー豆と焙煎にこだわり、ドリップやサイフォンで1杯ずつ淹れる、おいしいコーヒーの提供に特化した店。

カフェバー

昼はカフェ営業でソフトドリンク、夜はバー営業でアルコールを提供する。イタリアに多いカフェスタイル。

紅茶専門店

茶葉の種類にこだわる紅茶専門のカフェ。おいしい紅茶と共に楽しむアフタヌーンティセットが充実している。

体験型・個性派カフェ

動物と触れ合える、足湯がある、ボードゲームで遊べるなど、「飲食と体験」の提供でさまざまに差別化を図っている。

ショップ併設型カフェ

店内に雑貨や服、絵画などの商品も陳列して販売している。ドリンク以外に商品の売上も見込める。

仕事や勉強をする場所としてのカフェ

リモートワークで働く人が増えた影響もあって、カフェや図書館で仕事をする「ノマドワーカー」が増え、その人たちに向けてWi-Fiを開放したり、おかわりドリンクを安く提供したり、そのスタイルとサービス内容は時代とともに変化している。

PART5

02 カフェの仕事内容は？

カフェスタッフの仕事は大きく3つに分けられる

カフェスタッフの仕事は、ホール、ドリンク、キッチンの3つの業務に分けることができます。

ホールの担当は、注文と配膳、会計など、接客がメインです。直接、お客さんと対面するため、ホールスタッフの仕事ぶりで店の印象が左右されることがあります。

ドリンクを提供するスタッフのうち、**コーヒーを淹れるプロを「バリスタ」と呼びます。バリスタは、焙煎からエスプレッソマシンのメンテナンスまで、コーヒーに関わるすべてのことを担当**します。

キッチン担当は食事やスイーツを調理する仕事です。味はもちろん、開店前に仕込みをしてお客さんを待たせない手際のよさも求められます。

これら3つの仕事内容は店の規模によっても異なります。各セクションで担当が分かれている店もあれば、1人ですべてを行っているところもあります。このほか、店長やオーナーになると、売上の計算や在庫管理などの業務もあります。

開業のために必要な3つの業務

将来、自分のカフェをオープンさせたいなら、積極的にすべての業務を経験しましょう。働いていると、それぞれの持ち場に必要な人材と効率化の工夫など、経営に役立つヒントがつかめます。

カフェの仕事内容

ホールスタッフ

お客さんが来店したら、人数を確認して席に案内し、おすすめのメニューなどを説明する。その後、様子を見て注文をうかがい、ドリンクやフードを提供する。退店のときは会計を行い、手早くテーブルを片付ける。手が空いたときは、キッチンで皿洗いなどをすることもある。

バリスタ

ドリップやサイフォンなどさまざまな抽出方法で、おいしいコーヒーを淹れるコーヒーの専門家。個人経営店ではバリスタ本人が豆を選んだり、焙煎所に指示をだしたりすることもある。コーヒーやエスプレッソのほか、エスプレッソにフォームミルクを加えるカフェラテやカプチーノも作る。

キッチンスタッフ

食事やデザートなどのフードを作る。メニュー開発はもちろん、開店前には材料を調達し、その日のメニューの仕込みをして、お客さんにより早く提供できる状態にしておく。正確性や効率、衛生面を意識して調理を行い、美しく盛り付けて提供する。営業後はキッチンを清潔に掃除する。

1人で運営するなら席数は最大でも10席程度に！

カフェの経営においては、10席に対して1人のホールスタッフが必要とされている。もし、1人でカフェをオープンするなら、席数は10席未満にして、作り置きができるフードメニューに力を入れ、テイクアウトメニューを増やすなどの工夫が必要。

PART5

03 カフェ開業までの道のりは？

開業スタイルをイメージして経験を積む

カフェ開業を目指すなら、実際にカフェで働いて経験を積むことをおすすめします。カフェスタッフの募集は多いので、やる気さえあれば、未経験者でも採用してもらえます。まずは、アルバイトから始めてみましょう。

アルバイトであれば、比較的、時間の融通が利くので、勉強と両立しながら働くことができます。もちろん、アルバイトとはいえ、自分の未来のために働くわけですから、ただ漫然と仕事を覚えてこなすだけでなく、配膳や接客のマナーはもちろん、トラブルやクレーム時の対応、スタッフとの連携や効率、材料の仕入れ方や仕込みのタイミングなど、オーナー側に立った目線で観察することも大切です。

ほかにも、ラテアートの技術を学習したい、おいしいフードで勝負したいなど目標があれば、高い技術力のコーヒー専門店やこだわりフード店など、**自分の夢を基準に働く店を選ぶと、より勉強になるでしょう。**

POINT

「バリスタ」の募集がないときは……

バリスタだけを募集しているお店は少なく、ホールスタッフと兼任の場合が多いです。未経験からバリスタを目指す場合、ホールスタッフとして働きながら、徐々にコーヒーの淹れ方を教えてもらうのが一般的です。

カフェ開業までのステップ

高等学校

↓

カフェ勤務

週5～6日、お店で働き、開業資金を貯めながら、接客やコーヒーの淹れ方、経営について学ぶ。ただし、現場では手取り足取り丁寧に教えてくれるわけではないので、技術やスキルは先輩の行動を「見て覚える」ことが多く、指示を待つのではなく自ら学ぶ姿勢が大切。

大学

大学に通いながらカフェでアルバイトをする。技術や知識、仕入れなど、オーナー側に立った目線でも観察し、将来の夢に役立てる。

専門学校

カフェの専門学校では、卒業後すぐに現場で役立つ知識とスキルが得られる。「製菓衛生師」などの受験資格が得られる学校もある。

↓

カフェ勤務

現場で働きながら開業資金を貯める。勤務先の定休日には、キッチンカーやレンタルカフェでプレオープンしたり、バリスタコンテストに出場するなどしてスキルを磨く。

↓

カフェを開業

先輩からのアドバイス❶

チェーン店と個人経営店どちらも経験できるとベスト

チェーン店のカフェでは、レシピどおりにドリンクやフードを作る正確さと、マニュアルに沿った接客が求められる。一方、個人経営店のカフェでは、お客さんの要望に応える臨機応変さも求められる。どちらも経験して、スキルアップを目指そう！

留学して海外のカフェで働くという選択も

カフェ文化が浸透しているヨーロッパやアメリカ、オーストラリアなどは、とにかくおしゃれで個性的なカフェが多い。もし、留学をするなら、ワーキングホリデーなどを利用して、現地のお店で働きながら、バリスタとしての腕を磨くという道もある。

04 カフェの専門学校って？

カフェで働くために必要な即戦力が身に付く

専門学校では1年、もしくは2年制のカリキュラムで、ドリンクやフードの作り方、接客や配膳のマナー、メニュー表のデザインなど、カフェで働くための技術と、開業するための知識を総合的に学びます。**高校卒業後の進学先としてはもちろん、社会人がカフェ開業のために入学するというケースも多いです。**

ドリンクの授業では主にコーヒーを扱い、豆の焙煎の方法やコーヒーの淹れ方、ラテアートの技術などを学びます。

また、コーヒーを飲んで香りや酸味など味や印象を評価する「カッピング」や、コーヒーと相性のよいスイーツを考える「フードペアリング」の授業もあります。

フードの授業では、コーヒーに合うスイーツや、カフェの定番メニューの調理実習も行われます。

授業で学んだメニューを実際にお店でだしたり、そのメニューにアレンジを加えて提供する人も多く、将来に役立つ技術が得られます。

POINT

カフェ専門学校の学費はどれくらい？

学校によって差はありますが、1年制では100万円前後、2年制では150～200万円が相場です。また、製菓衛生師の国家試験を受けるためのカリキュラムを追加して受講できる学校もあります。

専門学校の主な授業内容

コーヒー・ドリンクの授業

道具の使い方を覚え、お客さんに見られていることを意識しながら所作の美しいコーヒーやエスプレッソの淹れ方を学ぶ。紅茶や日本茶の淹れ方や、カクテルやモクテル（ノンアルコールカクテル）を作る授業もある。

スイーツ・カフェフードの授業

ドリンクに合うスイーツを考えたり、パンやフードメニューの作り方を学ぶ。また、衛生面で気をつけることや、調理器具の使い方などを基礎から学ぶ。調理実習は数名のチーム制で、協力し合って完成させる。

＊スイーツ・パンの例
マドレーヌ、パウンドケーキ、クッキー、ティラミス、マフィン、キッシュ、ベーグル

＊フードメニューの例
サンドイッチ、グラタン、リゾット、オムレツ、カレー、パスタ、肉料理、魚料理

接客サービスの授業

席へのスマートな案内方法、サーバーや食器の持ち方、提供の仕方など、入店から退店までの流れと対応方法を学ぶ。ホテルや高級レストランで実際に働いている講師が指導することが多い。

このほか、学校に併設されたカフェの運営をしたり、数カ月かけてキッチンカーの出店をコンセプトから企画したり、ワクワクな授業がたくさんあるよ。

専門学校に通うメリットは？

専門学校に通うと、カフェの基礎を学べることはもちろん、「カフェが好き」という友達や先輩、さらにはカフェ業界に詳しい先生たちに出会えることも大きなメリット。同じ目標や理想を抱く友人は、卒業後も働く喜びを共感したり悩みを打ち明けあったり、そして開業のときにもきっと力になってくれるはず。

PART5

05 カフェ開業に必要な資格は？

食品衛生責任者と防火管理者の資格が必要に

カフェ開業にあたり、必ず必要な資格は「食品衛生責任者」です。これは食品の扱いと食品衛生の知識を持っているという証明の資格で、各都道府県が実施している講習を受ければ取得することができ、全国どこでも開業することができます。

ちなみに、**製菓衛生師、調理師、栄養士の資格があれば受講しなくても、食品衛生責任者になれます。**

一方、**収容人数が30人以上（従業員含む）の店舗で開業する場合は「防火管理者」の資格も必要です。**こちらも各都道府県が実施する講習を受けることで取得できます。店舗の広さで受講時間や費用が変わるので、店の正確な面積と客席数が決定したら準備を始めましょう。

ほかにも必須ではありませんが、「コーヒーマイスター」や「バリスタライセンス」の資格があれば、おいしいコーヒーを淹れられる証になります。また、世界中のバリスタが技を競うコンテストで優勝を目指すのも力の証明になり、おすすめです。

Q uestion

20歳未満でもお酒を扱っているお店で働ける？

A nswer

成人は18歳ですが、20歳未満の飲酒は法律で禁じられています。そのため、カフェバーやカフェレストランでのアルバイトは可能ですが、カクテルを作るなど、お酒を扱う仕事は20歳を過ぎないとできません。

免許や資格を取得して開業にそなえる

食品衛生責任者

1店舗、1人以上の食品衛生管理者が必要となる。各都道府県が実施する講習を受講し、試験に合格することで得られる。実施場所や受講料は自治体で異なり、eラーニングで動画受講できる自治体もある。合格後に「食品衛生責任者手帳」が交付される。

＊受講の申し込み　各都道府県の食品衛生協会ホームページで確認し申し込む。

＊受講時間と受講料　6時間で約1万円
衛生法規（2時間）／公衆衛生学（1時間）／食品衛生学・テスト（3時間）

＊講習頻度　月に数回（eラーニングは随時）

防火管理者

客席数とスタッフ合わせて30名以上になるカフェに義務付けられる資格。各都道府県で実施されている講習を1日または2日（店舗の広さで異なる）受講すれば取得可能。資格取得後は、店舗の防火管理や従業員の指導ができる。

＊受講の申し込み　管轄の消防機関のホームページか、日本防火・防災協会で確認し申し込む。

＊受講時間と受講料　※各自治体で異なる
10時間：8,000円／5時間：7,000円

＊受講後　消防計画と一緒に「防火・防災管理者選任」の届出を消防署に提出する。

食品衛生法が改正されて、現在は食品衛生責任者氏名プレートの掲示義務はなくなったけど、衛生管理の責任者を明確にしてお客さんに安心してもらうため、店内にプレートを掲示しているお店は多いよ。

そのほかおすすめの資格やコンテスト

コーヒーマイスター

日本スペシャルティコーヒー協会が認定する資格。協会主催の養成講座（約3カ月）を修了後、試験に合格すれば認定される。

ジャパンバリスタチャンピオンシップ（JBC）

日本スペシャルティコーヒー協会が主催。制限時間内にエスプレッソ、ミルクビバレッジ、創作ドリンクを提供し、味や作業の正確性などを競う。優勝者は世界大会に参加できる。

JBAバリスタライセンス

日本バリスタ協会が認定する資格。レベル1～3までのライセンスがあり、レベル1は、バリスタ経験者（アルバイトでも可）でJBAの講習を受講後、試験に合格すれば取得できる。

【バリスタレベル3】
テイスティングやバリスタとしての高い総合力
3 Level

【バリスタレベル2】
より高度なマシン技術やコーヒーの提供
2 Level

【バリスタレベル1】
基本的な知識や技術
1 Level

難易度

PART5

06 コーヒーについて勉強しよう

コーヒーの香りと味わいを飲み比べてみよう

リラックスするため、脳を活性化させるため、眠気を覚ますためなど、さまざまな理由で愛され続けているコーヒー。しかし、コーヒーを飲みたくなる一番の理由は、その「香りと味わい」ではないでしょうか。

コーヒーは、豆の品種や産地、焙煎加減、抽出方法、豆の挽き方で、香りと味わい（＝フレーバー）が変わります。また、数種類の豆をブレンドすることで、味にアクセントが加わり、香りがより引き立つことがあります。**コーヒーを専門にする多くのカフェでは、バリスタが豆の組み合わせを考えて、オリジナルブレンドとして提供しています。**たくさんのお店のコーヒーを飲み比べて、理想の香りと味を探してみましょう。

ちなみに、コーヒーの香りと味わいは、柑橘系、ナッツ系、酸味、スパイシーなどと表現されることが多いです。飲むときは「香りや味わいから連想できるものはなにか」を考えるとフレーバーの特徴が掴みやすくなります。

Q uestion
日本人は本当にコーヒー好きなの？

A nswer
全日本コーヒー協会の調査によると、日本人のコーヒーの消費量は年間約45万3000トンで世界第4位。1人当たりに換算すると1週間で約11.53杯飲んでいる計算になるそうです。

※日本コーヒー協会「2019年統計資料」／「国際コーヒー機関（IOC）統計資料」より

1杯のコーヒーができるまで

Step1 栽培・収穫

コーヒー豆は、コーヒーノキに属する植物の種子。熱帯や亜熱帯などの赤道に近い国で主に栽培されている。赤い果実のため「コーヒーチェリー」とも呼ばれる。

Step2 精製

果実を収穫後、果肉を取り除いて種子を取りだして、生豆にする。生豆を取りだす精製法は水を使う「ウォッシュド」、乾燥させて脱穀する「ナチュラル」などがあり、精製方法によっても味が変わる。

Step3 焙煎

生豆を「煎る(火にかける)」ことを焙煎という。浅煎り、中煎り、深煎りなど、どれくらい加熱するかで味わいが大きく変化する。

Step4 挽く

焙煎した豆を粉の状態にする。コーヒーを淹れるときに使う器具に合わせて、粉の粗さを変える。

Step1 淹れる

ペーパードリップやサイフォン、エスプレッソマシンなどを使って抽出。淹れ方によって味わいが変わるのでお店の個性をだすポイントにもなる。

＊豆の挽き方と適した入れ方＊

極細挽き	エスプレッソマシン、マキネッタ
細挽き	ペーパードリップ、サイフォン、水出し
中挽き	ペーパードリップ、サイフォン ネルドリップ、フレンチプレス
粗挽き	ネルドリップ、フレンチプレス

コーヒー豆は「グラインダー」や「ミル」と呼ばれる器具で粉砕する。挽き方によってコクや渋味、苦味など味わいが変わるので、器具選びはとても大事。

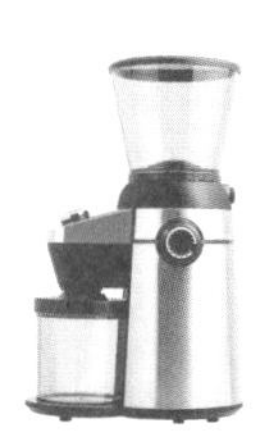

グラインダー

ミル

おいしいコーヒーを淹れる①

コーヒーの淹れ方と道具

クリアな味わいを楽しむ

ペーパードリップ

だれでも手軽に抽出できるペーパードリップ。道具も安価でもっとも一般的な抽出方法。

ドリッパーの種類

ドリッパーには円すい形と台形、リブと呼ばれる溝にはスパイラル系、ストレート系がある。コーヒーが落ちる穴は1つ穴と３つ穴があり、素材はセラミック（磁気）、プラスチック、ガラス、金属などさまざまある。

ペーパー＆ネルフィルターでおいしいコーヒーを淹れてみよう

❶フィルターとコーヒー粉をセットしたら、粉全体にお湯が染み込むように中央からゆっくり「の」の字を描き、蒸らすために20秒待つ。
❷中央で2、3度上下させながら湯を注ぎ、時計回しに1周させて泡をだす。
❸中央が窪んできたら❷を３～４回繰り返し、濃度を調整する。

※お湯の温度は93度（沸騰後火からおろして約1分間置いた温度）が目安。

【おすすめ】
中挽き
粗挽き

口当たりがよくコクのある味

ネルドリップ

布製フィルターのネルで抽出する方法。ペーパーフィルターよりも目が粗く、油分を通すので、まろやかでコクのある味わいになる。

ネルのセットの仕方

起毛のあるネル面を外側にして広げ、水流で洗ったらかたく絞り、コーヒーを受けるポットにネルがたるまないようにしっかり留める。

ネルの管理

使い終わったらコーヒーかすを捨てて水で洗う。水気を切ったら密閉式の袋に入れて冷蔵庫で保存。絶対に乾燥させないこと。

【おすすめ】中挽き 細挽き

バランスのよい味わい

サイフォン

アルコールランプやビームヒーターでフラスコの中のお湯を沸騰させると、水蒸気が上部ロートに移動してコーヒーの粉と混ざり合う。加熱を止めると、フラスコの中に抽出されたコーヒーが一気に落ちる。

【おすすめ】極細挽き

直火式エスプレッソマシーン

マキネッタ

下部分に水を入れ、真ん中部分にコーヒーの粉を入れて直火で熱すると、蒸気圧により上部にコーヒーが抽出される仕組み。家庭やアウトドアで手軽に濃厚なエスプレッソが楽しめると人気。

【おすすめ】粗挽き 中挽き

コーヒーの味をダイレクトに楽しむ

フレンチプレス

粉を入れてお湯を注ぎ、浸して抽出するシンプルな方法。ペーパードリップやサイフォンに比べて、豆の成分がしっかりと抽出されるので、豆本来の味を楽しむときに使われることが多い。

【おすすめ】細挽き

まろやかな味わい

水出し

アイスコーヒーを作るときに用いられる抽出方法。水出しは、ストレーナーと呼ばれるフィルターがついたポットにコーヒーの粉と水を入れ、8時間程度かけてゆっくり抽出する。

【おすすめ】極細挽き

濃厚な味わいでラテにぴったり

エスプレッソマシン

圧力でコーヒーを抽出をする。粉の量や粗さの加減で味わいが変化するので、理想の味のエスプレッソを抽出するためには機械のクセをつかむ必要がある。

コーヒー豆の品種と銘柄

日本で一般的に飲まれているコーヒー豆の品種と銘柄（種類）を紹介します。
まずはこの代表的な8つの銘柄を飲んで、味の違いを感じてみましょう。

ブラジル

アラビカ種、カネフォラ種（ロブスタ）

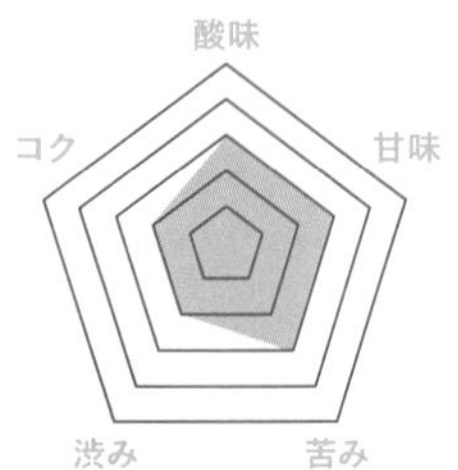

ブラジルで作られているすべてのコーヒーの総称で、もっとも輸入量が多い。豆の品種はさまざまだが、伝統的な天日干しを行う「ナチュラル」という製法を採用しているところが多い。味と香りのバランスがよいので、コーヒーのスタンダードといわれている。

キリマンジャロ

アラビカ種

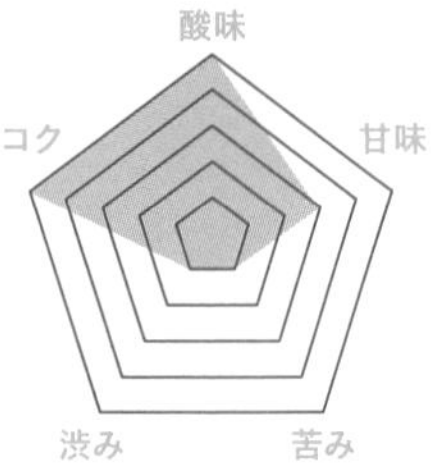

タンザニアの北東部にあるアフリカ最高峰の山の名前から付けられた。そのためタンザニアコーヒーとも呼ばれる。豊かな土壌と高地環境によって育つキリマンジャロコーヒーの最大の特長は、強い酸味と深いコク。深煎りすると甘味も引き立つ。

ブルーマウンテン

アラビカ種

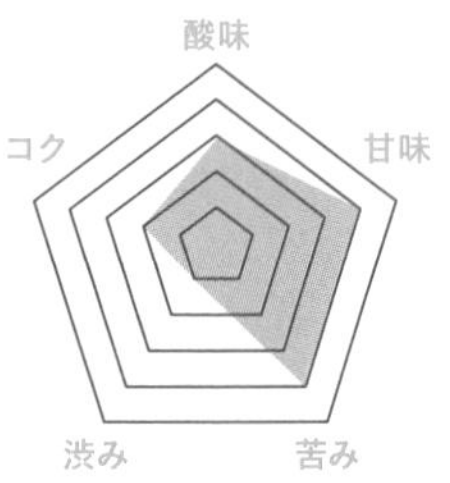

ジャマイカのブルーマウンテン山脈の周りで作られたコーヒー。「ティピカ」というコーヒーの品種が使われていて、品質管理が厳しく、高級なコーヒーとして有名。麻袋ではなく、樽に入れて出荷されることでも知られている。苦みと甘味のバランスがよく、豊かな香りが人気。

価格が安いコーヒー豆は、大きさが不揃いだったり、欠点豆が混ざっていることも。
できるだけ100gあたり300円以上のものを選ぶのがおすすめ。

※各レーダーチャートはデータを元に編集部が作成したものです。

マンデリン　アラビカ種

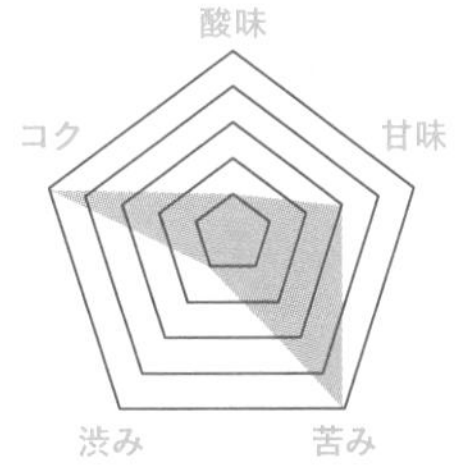

インドネシアのスマトラ島北部の限られた地域で作られている。酸味が少なく、深いコクとやや強めの苦味、濃厚な味わいが人気。深煎りにしても独特の味わいと香りがキープされるのが特徴。

コロンビア　アラビカ種

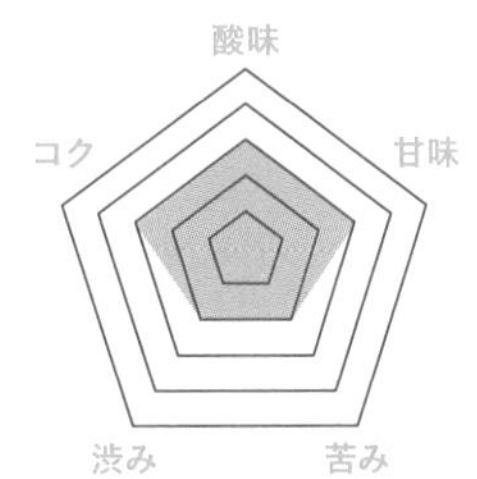

南米コロンビアで栽培されている豆の総称。コロンビアは世界有数のコーヒー大国として有名で、年間を通じて多くの品種が栽培されている。まろやかなコクが特徴で、酸味と甘味がマイルドなバランスのよい風味が人気。

モカ　アラビカ種

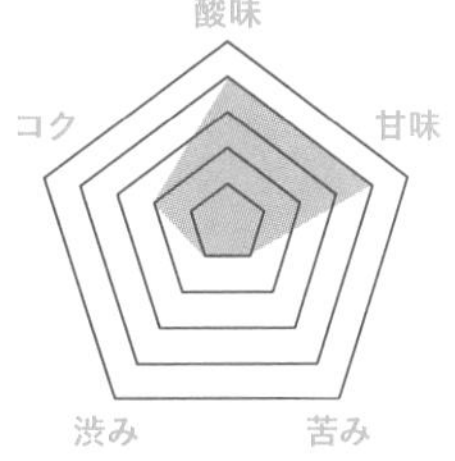

モカは、イエメンのモカという港から出荷されている銘柄の総称。イエメン産の「モカ・マタリ」や、エチオピア産の「モカ・ハラー」などがある。フルーティーな酸味と軽やかで華やかな香りが特徴で、甘みと酸味が強い。苦みが少ないので、朝の一杯として人気。

グアテマラ　アラビカ種

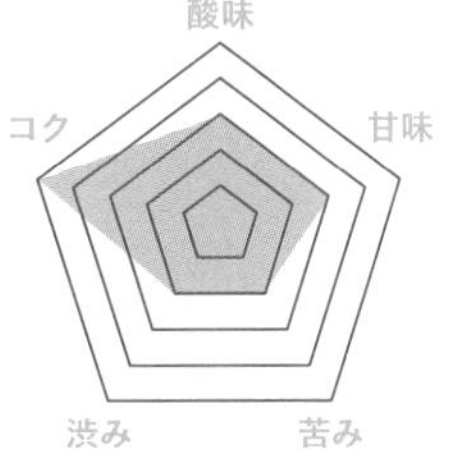

アフリカ北部にあるグアテマラ共和国で作られている。フルーティな酸味と花のような香り、まろやかな甘味とコクでキレ味のいい後味が特徴。甘味はチョコレートやナッツのようと表現されることが多い。オリジナルのブレンドコーヒーを作るときのベースとしてもよく使われる。

ハワイコナ　アラビカ種

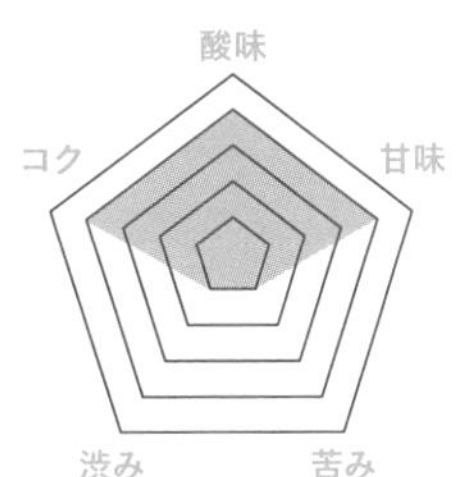

ハワイのコナ地区で栽培されている。生産量が少なくて貴重。品種はブルーマウンテンと同じく「ティピカ」。アメリカのホワイトハウスの晩さん会で提供されていることでも有名。さわやかな酸味と甘い香りが特徴。ひと口飲めば、ハワイにいるかのような、のんびりとした気分に。

PART5

07 ドリンクメニューを考えよう

コーヒーのアレンジとお茶やジュースのメニュー

カフェ運営において、メニュー作りはとても大切です。**ホットコーヒー以外にも、アイスコーヒーやエスプレッソ、カフェラテ、カプチーノなど、お客さんの満足度が高まる売上に直結するラインナップを考えてみましょう。**コーヒーとお酒を合わせたコーヒーカクテルや、コーヒーベースのノンアルコールカクテル（モクテル）なども、バリスタが作っているケースが多いです。

コーヒー以外では、紅茶や日本茶もカフェでよく飲まれるドリンクです。**紅茶もコーヒー豆と同様、原産国や抽出方法によって味わいが変わるので、世界中のさまざまなお茶の味を知っておくと、店の雰囲気とフードメニューに合わせて考えることができます。**

ほかにも、カラフルなソーダ水にアイスクリームをのせたクリームソーダや、フルーツと牛乳をミキサーにかけたミックスジュースなど、ジュース類のメニューを充実させている店もあります。

POINT

ミルクの工夫で顧客のニーズに応える

コーヒーのアレンジメニューは、フォームミルクを使うことが多いのですが、風味や味わい、ヘルシーさなどお客さんのニーズを考えて、無脂肪乳・低脂肪乳、豆乳やアーモンドミルクなどを使う店も多くなっています。

知っておこう！　コーヒーのアレンジドリンク

カフェラテ

エスプレッソ：スチームミルク
1：4～5

カフェオレ

コーヒー：スチームミルク
1：1

カフェマキアート

エスプレッソ：フォームミルク
1：1～2

カプチーノ

エスプレッソ：フォームミルク
1：4～5

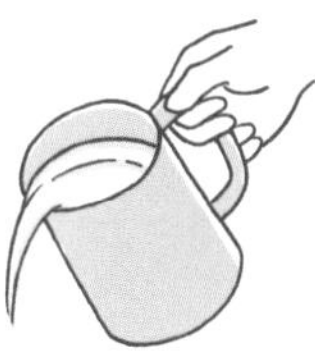

フォームミルクとスチームミルク

コーヒーやエスプレッソにミルクを合わせて作るアレンジドリンク。カプチーノ、カフェラテ、カフェオレなど、名前は知っているけれど違いがわからない人も多いのでは。違いはフォームミルクやスチームミルクの割合です。ちなみに、フォームミルクは泡立てたふわふわのミルクのことで、スチームミルクは温めたミルクのことです。

＊カップの大きさで比率は変わります。

ほかにも、コーヒーに生クリームをのせたウィンナーコーヒー、エスプレッソにチョコレートソースとフォームミルクを入れたカフェモカ、エスプレッソを炭酸水で割ったエスプレッソソーダなどのアレンジもあるよ！

ラテアートやデザインカプチーノもメニュー候補に

ラテアートやデザインカプチーノは、バリスタに興味がある人なら一度は「作ってみたい」と思うドリンク。メニューとして提供するには、おいしいエスプレッソを淹れたり、キメが細かくて均一なフォームミルクを作る技術に加えて、手際のよさも大切なので、繰り返しの練習が必要。

ラテアート

ピッチャーを使って、フォームミルクを注ぎながらハートや葉っぱなどを描く。

デザインカプチーノ

ふわふわのフォームミルクにスプーンや細い棒を使って、動物や植物のイラストを描く。

PART5

08 フードメニューを考えよう

使う食材を絞ったメニューでドリンクとの相性も考える

ドリンクの次に大切なのがフードメニューです。フードは、店のコンセプトや客層に合わせて、種類を絞って提供するのがポイントです。**張り切ってメニュー数を増やしすぎると、食材が使いきれずに廃棄のリスクが高くなります。できるだけ同じ食材が使えるメニューや、調理の効率を考えましょう。**

カフェの定番フードといえば、スコーン、クッキー、マフィン、ワッフルなどの焼き菓子です。これらは小麦粉やバターなど材料が限定的で、作り置きもできるので、材料の配合や添える食材を変えるだけでスイーツにもおかずにもなり、商品のラインナップが増やせるメリットがあります。

また、コーヒーにこだわる店なら、「フードペアリング」を意識しましょう。**コーヒーと食べ物を一緒に口にすることで、さらにおいしく感じるメニューが提供できれば、お客さんの満足度もグンとアップするはずです。**

食材はどのくらい仕入れればいいの？

食材が余る（ロス）と経費がムダになりますが、仕入れが少ないと販売チャンスを逃してしまうことも。仕入れは、「ドリンクのロス率＝3%」「スイーツのロス率＝3～5%」「フードのロス率＝5～7%」を目安に考えましょう。

フードメニューで大切なこと

調理のしやすさ

1人でカフェを運営する場合は特に、注文を受けてから素早く提供できるメニュー作りが大切。開店前に作り置きができるものがあるとベスト。

ビジュアルの美しさ

スイーツや料理が運ばれてきたときに、お客さんが「わぁ！」と感動するには、味はもちろん、見た目のインパクトも重要。

価格

原材料費と、1日に提供できる数によって価格を決める。商品の価値と価格のバランスが大切。

ドリンクとの相性

提供しているドリンクがよりおいしくなるような、相性のよいフードを考える。アルコールを提供するなら、スイーツ以外のメニューも必要。

ボリューム

オシャレさにこだわりすぎて量が少ないと、お客さんの満足感が得られず、多すぎても食べきれずに食品ロスにつながる。ドリンクと一緒に完食できる量を見極める。

コーヒーのフードペアリングの考え方

味の濃さを合わせる

深煎りでコクのあるコーヒーには同じく濃厚な味わいのチョコレート系のスイーツを。すっきりとした浅煎りのコーヒーにはフレッシュな口当たりのフルーツタルトを。味の濃さをそろえると、おいしさを感じやすくなる。

香りや味を合わせる

ナッツの風味を感じるコーヒーにはナッツ入りの焼き菓子を。酸味の強いコーヒーには柑橘系のケーキを。コーヒーの味に似た食材が入ったスイーツを選ぶと、たがいのおいしさがより強調される。

フードペアリングを考えるとき、
「インドネシア系のコーヒーは強い苦味でコクのある味わいだから、
クリーミーでコクのあるチーズケーキを」「アフリカ系のコーヒーは
フルーティーな味わいだから、柑橘系のフルーツを使ったスイーツを」
など、豆の産地をベースに考えることもあるよ。

PART 5

09 サービス、接客を究めよう

お客さんがくつろげるよう言葉や動きに気を配る

至福の時間をお客さんにゆったりと楽しんでもらうためには「心地よい接客」がカギになります。**お迎えからお見送りまで、笑顔で丁寧な対応を心がけましょう。**

特に言葉遣いは大切です。常に正しく、キレイな言葉で会話を意識しましょう。たとえば、「サンドイッチになります」という日本語は間違いで、「サンドイッチでございます」が正解。スタッフが正しく敬語を使えているだけで、店の印象が格段によくなります。

また、ドリンクやフードを提供するときは、トレイを正しく安定させて持ち、グラスやカップは音を立てずに配膳します。**忙しいと、つい所作が雑になってしまいますが、忙しいときほど細かい動きにまで注意を払いましょう。**

オーダーミスや提供に時間がかかってしまう場面もあると思いますが、そのようなときは、常にお客さんの立場に立ち、誠意ある対応を心がけることが大切です。

POINT

これからは海外のお客さんにも対応できるよう、簡単な英会話は必須です。完璧でなくても大丈夫。注文が心配ならメニューや写真を指して「OK?」と質問して、ガチガチに緊張しない笑顔の接客を忘れずに!

スマートな配膳テクニック

トレイの正しい持ち方

1

トレイの中心と手のひらの中心を合わせ、地面とトレイが水平になるように持つ。

2

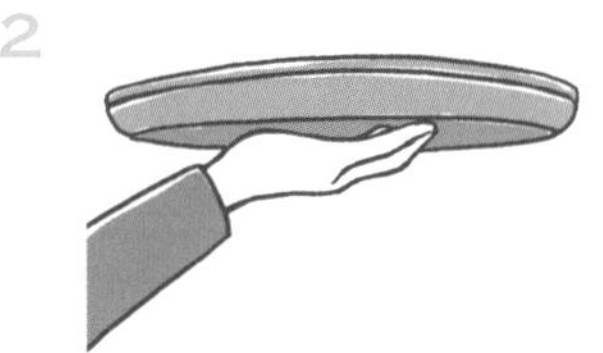

トレイの下の手のひらを少し丸めると安定する。

3

背筋を伸ばして脇を閉め、トレイをのせた腕を90度に曲げて、身体から斜め45度外側に腕を開く。脇を閉めることで重い物をのせても腰で支えることができる。

コーヒーの提供の仕方

トレイの扱いや提供の仕方では普段使わない指や腕の筋肉を使うので、不安定になったり、緊張して震えてしまうことも。配膳を極めるには練習あるのみ！

1

トレイを持っていない手がテーブル側になるよう、テーブルの横に立つ。

2

カップをのせたままソーサー（受け皿）を持ちあげ、トレイをやや外側に離す。

3

手首を伸ばすイメージでコーヒーソーサーを静かにテーブルに置く。

PART5

10 カフェの開業スタイルを決める

開業資金の金額に合わせて店舗スタイルを決めよう

カフェはレストランに比べて小さな物件で開業が可能です。**店舗カフェを開きたいなら、10坪ほどの広さがあれば、2人がけの席が7～8セットと5人程度のカウンター席を作ることができます。**

カフェの開業にかかる金額は、1坪あたり100万円といわれ、10坪の店舗であれば約1千万円の資金が必要になります。もちろん、これはあくまで目安で、地域によって金額は異なります。改修の必要のないカフェ物件や古民家を探したり、自宅の一画を改装してカフェにするなど、工夫次第で費用を抑えることは可能です。

また、**最近は比較的初期費用がかからない、キッチンカーや屋台を利用した移動型のカフェを希望する人も増えています。**

さらに、少しだけカフェ経営を経験してみたいという人には、1日単位で利用できる営業許可付きのレンタルキッチンで「間借りカフェ」を開業するのもおすすめです。

Question
キッチンカーってどんなところで営業してるの？

Answer
イベント会場、オフィス街、大手スーパー、駅前、学校、団地など、人が集まるところが多く、高齢化が進む過疎地で、地域の人に感謝されながら営業している人もいます。

安い初期投資で始められる4つの開業スタイル

キッチンカー

軽トラックやワゴン車などを改装してコーヒーマシン等を搭載した移動販売型のカフェ。初期費用は300万円程度で開業できる。イベント会場や、スーパーマーケットの駐車場、オフィスビルなど、許可を取った場所に駐車して営業する。

レンタルカフェ

キッチン付きのレンタルスペースで、1日単位でカフェ営業がおこなえる。開発メニューのリサーチなど、お試し店舗としておすすめ。ただし、店舗型の家賃に比べて割高なので、1日だけで売上目標を達成するのはなかなか難しい。

間借りカフェ

夜間営業のバーやレストランが営業していない朝や昼の時間だけ営業するカフェ。夜の常連さんに通ってもらうなど集客協力も見込める。衛生面のルール共有などの話し合いは必須。

居ぬきカフェ

もともとカフェを営業していた物件を探し、内装や外装をそのまま使ってオープンする方法。ただし、前のお店の閉店理由が「お客さんが入りづらい立地だった」などの場合は、失敗してしまう可能性が高い。

賃貸店舗は最低100件チェックする

店舗を借りるときは、100～150件は内見（不動産屋に室内を見せてもらうこと）をしたほうがよい、とまでいわれるほど、売上を大きく左右するのが店舗の立地。インターネットでのリサーチだけでなく、出店したい街の不動産屋をこまめに訪ねるようにしよう。新着のおすすめ物件を教えてくれたり、街の情報もキャッチできるので、メニューやコンセプト作りのヒントにもなる。

PART5

11 空間とメニューをデザインしよう

コンセプトに沿ったデザインでブランド力を高める

「リピートしたくなるカフェ」を実現するには、提供するドリンクやフードに合った外観とインテリア、使用する食器などを考える必要があります。バラバラに考えると店のコンセプトが不透明になり、集客や営業に影響がでることも。たとえば「ハワイ風のインテリアだったからパンケーキがあると思ったのに、和スイーツしかない」では、お客さんの再来を遠ざけてしまいます。それほど、メニューに合った空間づくりは重要なのです。

メニュー表やお店のホームページなどもイメージを統一することをおすすめします。**スタッフの制服やエプロンも、店内に流れる音楽も、すべて店のコンセプトに合わせて選ぶ**ことで、よりお店の個性が明確化されます。

ほかにも、**テイクアウト用のカップや手さげ袋、コースター、ショップカードなども統一**したデザインにすることで、店のブランド力を高めることができます。

Q uestion

内装やメニュー表などのデザインは誰がするの？

A nswer

インテリアは内装業者に依頼する人が多いですが、自分でDIYをしている人もいます。また、デザインに自信があるなら、メニュー表やショップカード、お店のロゴマークを自分でデザインするのもよいでしょう。

コンセプトを合わせたデザイン

メニュー表

店のコンセプトに合わせたデザインを考える。日替わりメニューがある場合は、バインダーに紙をはさむタイプのものを選ぶと便利。文字が小さいとデザイン性は高くなるが、読みづらいので注意しよう。

カップや包装紙

テイクアウト用のカップに店のロゴマークを入れるとブランドイメージが強調される。おしゃれなデザインはお客さんも喜び、見かけた人が「どこの店のドリンクなのか」と興味を持ちやすい。

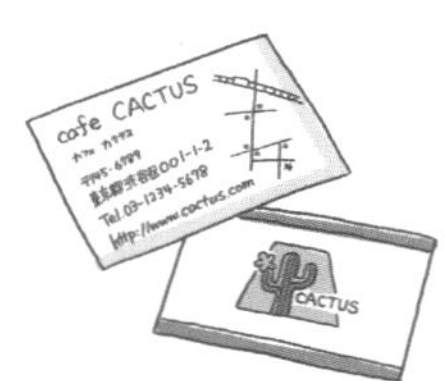

ショップカード

ショップカードとはお店の名刺のこと。レジ横や店頭に置いたり、近くの美容院や書店、小売店など、人が集まりそうなお店に置かせてもらい、カフェの認知度を高めよう。カードには地図や連絡先、営業時間を書く。

まずはお店の「ロゴマーク」作りから

店のシンボルになるロゴマークは、見た人に一瞬で店のイメージが伝わるのがよいとされている。店名を表すイラストや図形と文字を組み合わせてモチーフにするのが一般的で、専門家に依頼してもよいし、自分で作ってもよい。

カフェでよく使われるモチーフ

- ＊コーヒーにこだわる店 ⇒ カップ、コーヒー豆、ミル
- ＊フードメニューが充実 ⇒ フォーク、ナイフ、食器
- ＊スイーツに自信あり ⇒ ケーキ、マフィン、クロワッサン
- ＊ゆったりした空間が自慢 ⇒ ソファ、家、椅子

どんなことにも楽しむ姿勢で経験を積んでほしいです！

現役バリスタ

中山英明（なかやまひであき）さん

Bon Voyage Coffee勤務。2013年東京ベルエポック製菓調理専門学校カフェ科卒業。バリスタとして海外留学、カフェ勤務、店長経験を経て、業務委託にて都内で「Bon Voyage Coffee」を運営。

―なぜカフェの専門学校に通うことにしたのですか？

もともと小学校で教員として働いていて、休日は趣味でカフェめぐりをしていました。そのときに「ラテアートってすてきだな。自分もやってみたいな」と思い、ラテアートが学べる学校を探しました。

オープンキャンパスに参加したとき、講師の先生のラテアートがすごくキレイで、「直接、教えてほしい」と思い、1年制のコースに入学しました。卒業後は1年間、カフェでアルバイトをした後、ワーキングホリデーを使ってオーストラリアへバリスタの修行に行きました。オーストラリアは、日本人のバリスタ見習いが多い国です。

―オーストラリアではどのような活動をしていたのですか。

シドニーとメルボルンとタスマニアでバリスタとして1年半ほど働きました。最初は語学学校に通いながらカフェのアルバイト面接に応募していましたが、なかなか採用されず、「もうあきらめて帰国してしまおうかな……」と思ったくらいです。50店舗くらい面接を受けた末にようやく採用されました。店舗で働く経験をしたら、その後はどの店の面接もすんなり受かるようになりました。オーストラリアは「テイクアウトしたコーヒーを片手に歩く」という文化が盛んで、1日に何度も同じお客さんが来ることも珍しくありません。そのため、日々、日本のカフェの何十倍ものコーヒーを作っていて、とても忙しかったです。チェーン店よりも個人経営のお店の方が多い印象で、地域密着型の温かみがあるカフェがたくさんありました。

日本に戻ってからはカフェのバリス

タや店長として数店舗で働き、現在は業務委託のような形で、小さなカフェの運営を、基本的には一人体制で行っています。

——カフェでの仕事内容や、やりがいを教えてください。

朝は8時頃にお店に到着して、すぐにその日に販売するケーキやプリン、スコーン、サンドイッチを作り始めます。オープンの30分前にはコーヒーの調整をします。コーヒーは焙煎から日が経つと味が変わることがあるので、毎日味を確認・調整する作業が必要になります。

それから看板をだしたりテーブルを拭いたりして、10時にお店をオープンします。営業中は基本的に接客とドリンク作りがメインの仕事です。1日に平均60組くらいのお客さんが来店し、平日は常連さんが多く、土日は新規のお客さんが多いです。16時〜17時頃になると客足が一旦、落ち着くので、翌日のサンドイッチ用のベーグルを焼き、焼き上がったらすぐに冷凍します。ベーグルは専門学校時代に習ったレシピを参考にして作っているのですが、お客さんからとても好評です。19時にお店を閉めて、片付けをして19時半過ぎには帰宅します。

毎日、お客さんとのやり取りがとても楽しく、「おいしい」と喜んでもらえることが、なによりのやりがいになっています。常連になってくれたり、何度も同じ商品をリピート購入してもらうと「気に入ってくれたんだな」とうれしい気持ちになります。また、キレイなラテアートを作ったり、おいしいドリップコーヒーを淹れることにこだわっているので、コーヒーを褒めてもらえると「自分が納得した商品を提供できている」と思うことができてモチベーションがさらに上がります。

——今後の目標を教えてください。

業務委託での店舗運営で夢を半分かなえることができたので、この次はできるだけ早い段階で、ゼロから自分のお店を作りたいと思っています。今のお店も理想的ですが、「こんなお店にしたい」という希望を具体的にまとめているところです。

——これからカフェの仕事を目指す人にメッセージをお願いします。

今、仕事を続けていられる理由は「カフェが好きだから」です。思いどおりにいかないことや挫折しそうになることもあります。でも、そんなときでもあきらめないで取り組むことが大切だなと思いますし、せっかくこの道を選ぶならば、何事も楽しむ姿勢で経験を積んでほしいなと思います。

専門学校に通う先輩のリアルな声を大調査

学生インタビュー

佃玲南（つくだれな）さん

東京都出身。東京ベルエポック専門学校カフェビジネス科2年生。

印象的だった授業は？

「店舗実習」です。学校の1階にあるカフェスペースを使って、クラス全員でカフェのコンセプトや店名を決めて、年間で9日営業するという授業です。私はこの店舗の店長役を任され、クラスメイトたちとコミュニケーションをとりながら、商品開発から当日のお店の運営まで行いました。大変でしたが、とても実践的でやりがいがありました。

授業で大変だったことは？

コンテスト形式で開催される実技の定期テストです。所作に気をつかいながらドリンクを作り、サービスマンとして先生に提供します。アイコンタクトや笑顔の有無なども審査内容に入ります。ラテアートのテストでは、緊張して手が震えてしまいましたがお客さん視点の実践的なふるまいを学べました。

将来の夢は？

将来は子ども食堂や、地元の方が参加できるイベントの開催など、「食」を通じて地域がつながれる場を提供できるようなカフェをオープンしたいと考えています。そのため、卒業後は地域に向けた活動やイベントを積極的に行っている飲食店で働き、いろいろなノウハウを身に付ける予定です。

カフェ科に進学したきっかけは？

大学でデザインを学んで一度デザイン事務所に就職したのですが、「食」に関連した仕事をしたいと思い、せっかくならば基礎を勉強したうえでキャリアチェンジをしようと思いました。調理師やパティシエにも魅力を感じていましたが、ドリンクも含めて幅広い知識と技術が学べるカフェ科を選びました。

専門学校に入って成長を感じることは？

店舗実習や授業内のグループワークを通して、想像以上に自分の視野が狭いことを実感しました。前職は個人の評価が大事だったのですが、カフェの仕事はどのポジションもチームワークが大切です。実習を重ねることで、周りの状況を見たり、お客さんの気持ちを感じ取りながらリアルタイムで仕事を進めていけるようになってきたと思っています。

専門学校時代に挑戦したことはありますか？

Answer

同級生と一緒にレンタルスペースを借りて1日カフェを出店しました。当日は学校の実習室でプレーン、エスプレッソ、抹茶味のカヌレと、イートンメスというイギリス発祥のお菓子を仕込んで挑みました。カフェの出店には場所代のほか、コーヒー豆の仕入れなどの初期費用がかかるので、1日単発では売上の成果をだすのは厳しかったのですが、続けていくうちにどんどん黒字になっていくだろうな、という実感はありました。

アルバイトはしていましたか？

Answer

カフェでアルバイトをしていました。その店のオーナーはラテアートの世界大会で3位の実績があったので当然ラテアートの実力がすごかったのですが、丁寧な接客を重視している姿勢が印象的でした。接客は今でも悩む部分が多く、ただ明るいだけではだめですし、人によって適した接客というのは変わってくると思います。オーナーのお客さんとのコミュニケーションの取り方は、大変参考になりました。

今後の目標は？

Answer

大手コーヒー店のバリスタとして活動しながら、休日にはレンタルスペースを借りて、日にち限定でカフェにチャレンジしたりして経験を積んでいきたいです。

学生インタビュー

福井友希（ふくいゆうき）さん

福井県出身。東京ベルエポック専門学校カフェビジネス科2年生。

カフェ科に進学したきっかけは？

Answer

当初、パティシエをメインに専門学校を探していましたが、高校時代にアルバイト先の喫茶店でコーヒーについて教えてもらう機会があり、おしゃれなカフェに興味がわきました。本格的にコーヒーを勉強したいと思い、カフェ科の学校を探しました。

カフェの専門学校に入学してよかったことはなんですか？

Answer

コーヒーについての知識が格段にアップしました。また、コーヒーの生豆の扱い方から焙煎まで、1杯のコーヒーをお客さんに届けるまでのバリスタとしての幅広いスキルが身に付きました。学校の実習室にはエスプレッソマシンや、焙煎機など全部そろっているので、放課後は「今日は焙煎をしよう」「今日はラテアートをしよう」と決めて、自主練習もしていました。

講師
インタビュー

専門学校で講師を務めるプロの声を大調査！

鈴木(すずき)ゆかり先生

東京ベルエポック製菓調理専門学校カフェビジネス科バリスタ専攻。
大学卒業後、アパレル勤務を経てレストラン・カフェ業界に転身。レセプション・ホール担当や、コーヒー講座の講師などを歴任。2017年、バリスタの大会であるジャパンコーヒーイングッドスピリッツチャンピオンシップで優勝。日本代表として出場したワールドコーヒーイングッドスピリッツ（コーヒーカクテル部門）で世界６位の成績を持つ。

Q カフェで働く魅力はどんなところにありますか？

A 少しミーハーな言い方ですが「おしゃれな場所で働ける」というのも重要な要素だと思います。いろいろなスタイルのカフェがありますが、最近ではSNSの投稿などを見て「おしゃれなカフェ」を探す人が増えています。「カフェでコーヒーを飲むことで、日常とは違った時間を過ごすことができて、リフレッシュできる」というお客さんも多いです。コーヒーを淹れるための器具も洗練された美しい形状のものが多く、そうしたステキな空間やものに囲まれて毎日過ごせるのが魅力のひとつだと思います。

Q カフェで働くにあたって大切なことは？

A たとえば、寒い日に温まりたくてカフェに入ったのに、ぬるいコーヒーをだされると悲しくなってしまいますよね。お客さんが望んでいるものと異なるかたちで商品を提供してしまうと、がっかりさせてしまったり、クレームの原因になってしまうので、どのポジションの業務でも「期待どおりの商品を正しく提供する」よう常に意識します。また、商品を提供するまでのスピードも重要です。特にドリンクは、レストランの料理とは異なり「注文したらすぐに出てくる」というイメージを持っているお客さんも多いです。しかし、「1杯ずつハンドドリップで淹れるコーヒー」など、作り方によっては時間がかかるものもあります。そんななかでもできるだけ早く提供できるよう、オペレーションを改善したり、技術を高める努力を日々、行うことが大切です。混雑時はどうしても気持ちが焦ってしまいますが、お客さんを待たせないように急ぎつつも、冷静に落ち着いて行動することでミスが防げます。また、時には「急いでいる様子のお客さんを優先する」など柔軟な対応が必要な場面もあるので、とっさの判断力や、臨機応変な対応力も必要です。

カフェを開業するために必要なスキルはなんですか？

接客力は大切な要素のうちのひとつです。個人店舗の場合は、スタッフがお客さんの顔を覚えたり、逆に顔を覚えてもらったりなど、お客さんとの距離が近いところが多いです。「感じのよい接客」を求めて来店されている方も多く、接客が雑だとお客さんの気分を害してしまいます。また、フードメニューを提供するお店では、調理のスキルも必要です。おいしくて、値段に見合った商品を作れることが大切です。スタッフやお客さんとかかわりあってよいお店の雰囲気が作られます。スタッフを雇う場合は、チームで働く力も必要になります。

カフェで働くやりがいは？

お客さんが通ってくれて、常連になってくれることです。一生懸命サービスを提供して、気持ちよく過ごしてもらえているなと思うと、励みになります。カフェはレストランよりは敷居が低く、値段的にも気軽に通いやすいため、常連になってもらいやすいです。カフェを長く運営していくためにも、常連のお客さんは大切な存在です。

カフェの学校ではどんなことを学びますか？

カフェで提供しているスタンダードなドリンクメニューや、軽食やスイーツの作り方の実習、メニューの開発方法、接客サービスのマナーなどを広く学びます。また、コーヒーの味についての授業ではたくさんのコーヒーを飲み比べて、「いいコーヒーはどんなものか」を勉強します。コーヒーやカクテル作りのテストもあります。

専門学校に通うメリットは？

現場で即戦力になるような実践的なことを身に付けられることかなと思います。私自身は専門学校を経験せず、カフェレストランで働き始めたのですが、就職した当初は、自分の仕事やサービス内容に自信を持てないまま業務をしていました。たとえば「商品を運ぶ」「テーブルに置く」という簡単な動作の中にも、たくさんの作法やルールが詰め込まれています。専門学校では、お皿の持ち方や提供の仕方も学べるので、自信を持って現場にでることができます。

epilogue
新たな幕開け
thread
澤口先生！聡さん！
いらっしゃいませ
開店おめでとう！
パティシエ自らお出迎えとはうれしいわ
cafe thread
パティシエ
織部 柚葉

個性的なケーキがたくさんあるんだね！

はい～！

うちのマスタービジュアルも味も妥協しないのでメニュー開発大変でした

でもおかげで古今東西のスイーツを食べたオレが認める世界一のスイーツメニューができました！
全部自信作ですっ
作ったの私ですけどね～
ドヤッ
cafe thread
マスター・バリスタ
結崎 涼
柚葉のスイーツの魅力を最大限に引きだすにはオレのプロデュース力も必要って話！
あいかわらずね…
へ～！紅茶の茶葉やコーヒー豆も選べるんだね
これは楽しみだ！
じゃあこれとこれを注文しようかな
はいっ!!
お待たせしました！

どうぞ
ごゆっくり楽しんでいってください！

F
* farine de riz【ファリーヌ ド リ】米粉
* farine【ファリーヌ】小麦粉、粉
* fécule de maïs【フェキュル ド マイス】コーンスターチ
* foncer【フォンセ】敷き込む
* former【フォルメ】成形する
* fouet【フウェ】泡立て器
* fouetter【フウェテ】泡立てる
* four【フール】オーブン
* fraise【フレーズ】いちご
* framboise【フランボワーズ】ラズベリー
* fromage【フロマージュ】チーズ
* fromage blanc【フロマージュ ブラン】フレッシュチーズの一種。白いチーズ
* fruit sec【フリュイ セック】ドライフルーツ
* fruit【フリュイ】フルーツ

G
* gingembre【ジャンジャーンブル】生姜

H
* huile【ユイル】油

I
* imbiber【アンビベ】染み込ませる

J
* jaune d'oeuf【ジョーヌ ドゥフ】卵黄

L
* laisser froidir【レセ ルフロワディール】冷ましておく
* laisser reposer【レセ ルポゼ】休ませる
* lait concentré【レ コンサントレ】練乳、エバミルク
* lait écrémé【レ エクレメ】脱脂乳
* lait【レ】牛乳
* louche【ルシュ】レードル

M
* mangue【マーング】マンゴー
* melon【ムロン】メロン
* mesurer【ムジュレ】計量する
* miel【ミエル】はちみつ
* monter【モンテ】泡立てる、成形する
* moule【ムゥル】型

N
* noisette【ノワゼット】ヘーゼルナッツ
* noix de cajou【ノワ ド カジュゥ】カシューナッツ
* noix de macadam【ノワ ド マカダム】マカデミアナッツ
* noix de pécan【ノワ ド ペカン】ピーカンナッツ

O
* oeuf entier【ウフ アンティエ】全卵
* oeuf【ウフ】卵
* orange【オーランジュ】オレンジ

P
* papaye【パパユ】パパイヤ
* passer【パセ】こす、通す、入れる、かける
* pastèque【パステック】スイカ
* pâte de cacao【パート ド カカオ】カカオマス
* pêche【ペシュ】桃
* pinceau【パンソ】はけ
* piquer【ピケ】生地に小さい穴をあける
* plaque【プラック】プレート、オーブンプレート
* poche【ポッシュ】絞り袋
* pocher【ポシェ】絞る
* poire【ポワール】梨、洋梨
* pomélo【ポメロ】グレープフルーツ
* pomme【ポム】りんご
* poudre【プゥドル】粉、粉末
* poudrer【プドレ】ふりかける
* préparer【プレパレ】準備する、調理する

R
* raisin【レザン】ぶどう
* râper【ラペ】削る、すりおろす
* recette【ルセット】レシピ、配合
* refroidir【レフロワディール】冷ます
* rôtir【ロティール】ローストする
* rouleau【ルロー】めん棒
* rouler【ルレ】巻く、転がす

S
* sabler【サブレ】砂状にする
* saler【サレ】塩をふる
* saupoudrer【ソプドレ】粉砂糖などをふりかける
* spatule【スパテュル】ヘラ
* sucre glace【スュクル グラス】粉砂糖
* sucre semoule【スュクル スムゥル】グラニュー糖
* sucre【スュクル】砂糖
* surgeler【スュルジュレ】急速に冷凍する

T
* tamis【タミ】粉ふるい
* tamiser【タミゼ】ふるう、裏ごす
* tempérer【タンペレ】テンパリングする、温度を調節する
* thé vert【テ ヴェール】緑茶
* thé【テ】茶、紅茶

V
* vanille【ヴァニーユ】バニラ

Y
* yaourt【ヤウール】ヨーグルト

Z
* Zester【ゼスター】皮をそぎ取る器具

洋菓子にまつわるフランス語

パティシエが働く現場では、材料や道具、工程などはフランス語が使われます。
ここでは、使用頻度の高い単語をピックアップしました。

A

*abaisser【アベセ】めん棒で生地を薄く伸ばす
*abricot【アブリコ】アプリコット、杏
*additionner【アディシオネ】材料を加える
*amalgamer【アマルガメ】混ぜ合わせる
*amande【アマンド】アーモンド
*amandes en poudre【アマンド アン プードル】アーモンドパウダー
*ananas【アナナス】パイナップル
*assembler【アサンブレ】まとめる

B

*balance【バランス】はかり
*banane【バナーヌ】バナナ
*battre【バットル】強くかき混ぜる
*beurre doux【ブール ドゥ】無塩バター
*beurre fondu【ブール フォンデュ】溶かしバター
*beurre noisette【ブール ノワゼット】焦がしバター
*beurre【ブール】バター
*beurrer【ブレ】型にバターを塗る、バターを加える
*blanc d'oeuf【ブラン ドゥフ】卵白
*blanchir【ブランシール】卵黄に砂糖を加えて白っぽくなるまで混ぜる
*blancs d'oeufs séchés【ブラン ドゥ セシェ】乾燥卵白（粉末）
*bouillir【ブイイール】沸騰させる
*brûler【ブリュレ】表面を焦がす

C

*cacahouète【カカウエット】ピーナッツ
*cacao【カカオ】カカオ豆
*cadre【カードル】四角い型（底なし）
*cannelle【カネル】シナモン
*caraméliser【カラメリゼ】砂糖を焦がしてカラメル状にする
*casser【カセ】割る、壊す
*casserole【カスロール】深鍋
*cercle【セルクル】丸い型（底なし）
*chalumeau à gaz【シャリュモ ア ガズ】ガスバーナー
*chemiser【シュミゼ】型に生地を敷く
*chinois【シノワ】こし器
*chocolat【ショコラ】チョコレート、ホットチョコレート
*chocolat amer【ショコラ アメール】ビターチョコレート
*chocolat au lait【ショコラ オ レ】ミルクチョコレート
*chocolat blanc【ショコラ ブラン】ホワイトチョコレート
*citron【スィトロン】レモン
*clarifier【クラリフィエ】卵黄と卵白に分ける
*coco【ココ】ココナッツ
*congélateur【コンジェラトゥール】冷凍庫
*corne【コルヌ】カード、スケッパー
*coucher【クシェ】絞りだす
*couteau【クト】ナイフ
*couteau-scie【クトスィ】波刃ナイフ
*couvrir【クヴリール】覆う
*crème【クレム】クリーム、生クリーム
*crème fraîche【クレム フレッシュ】生クリーム
*crémer【クレメ】クリーム状にする
*cuire à blanc【キュイール ア ブラン】空焼きする
*cuire【キュイール】火を通す（焼く、茹でる、煮る）

D

*décongeler【デコンジュレ】解凍する
*décorer【デコレ】飾る
*délayer【デレイユ】溶く、薄める
*démouler【デムレ】型からはずす
*dénoyauter【デノワイヨテ】フルーツの種を取る
*dorer【ドレ】生地に卵液を塗る、こんがり焼く
*douille【ドゥイユ】口金
*dresser【ドレセ】盛り付ける

E

*eau【オ】水
*effiler【エフィレ】薄切りにする
*émulsionner【エミュルスィオネ】乳化させる
*épice【エピス】香辛料、スパイス
*éplucher【エプリュシェ】皮をむく

監修

東京ベルエポック製菓調理専門学校

パティシエ科、調理師科、パティシエ・調理師Wライセンス科、ホテルサービス&フードビジネス科など、4学科6つのコースがある学校法人滋慶学園が運営する専門学校。一流のプロから最新の技術やレシピが学べて、高い技術とホスピタリティが身に付く、現場で活躍できる人材を育成。業界との繋がりも強く、教育連携ではあこがれの東京ディズニーリゾート®オフィシャルホテルで実習体験もでき、毎年、舞浜エリアのホテルに数多くの卒業生が就職している。ほかにも、レストラン、パティスリー・ブーランジェリー、カフェなど就職率100%を誇っている。

STAFF

編集・執筆	引田光江（グループONES） 髙橋優果
デザイン	棟保雅子
カバーイラスト・マンガ	桃川ゆきの
イラスト	河原ちょっと

キミにもなれる！

パティシエ&カフェビジネス

2024年1月25日　初版第1刷発行

監　修	東京ベルエポック製菓調理専門学校
発行者	佐藤　秀
発行所	株式会社つちや書店 〒113-0023　東京都文京区向丘1-8-13 TEL：03-3816-2071　FAX：03-3816-2072 E-mail：info@tsuchiyashoten.co.jp
印刷・製本	日経印刷株式会社